AL FORNO

STEFANO CAVADA

AL FORNO
Ofenfrische Gerichte

Süßes und Herzhaftes für jede Gelegenheit

ATHESIA VERLAG

MEHL

Für alle, die gerne kochen, Neues ausprobieren,
ihr Wissen und ihre Leidenschaft weitergeben
oder einfach nur gutes Essen lieben.

Inhalt

MEHL

Einführung

Kochen und Backen zogen mich bereits als Kind magisch an. Dank meiner Familie, die mich dabei ermutigte, unternahm ich schon bald meine ersten Versuche an Herd und Backofen: Zusammen mit meiner Mutter buk ich Kuchen und Kekse, mit meinem Vater pünktlich jeden Freitagabend Pizza. Der Duft allein machte mich schon glücklich.

Im Backofen meiner Eltern in Kaltern an der Weinstraße, einem kleinen Dorf nahe der Südtiroler Hauptstadt Bozen, werden bis heute all jene Utensilien, Bleche und Formen aufbewahrt, für die der Platz in der Vorratskammer nicht ausreicht, und unzählige Erinnerungen an meine Familie sind untrennbar damit verbunden: Wie viele Kekse, Strudel, Pizzas und Kuchen haben wir doch darin gebacken!

Alles begann mit Dr. Oetkers „Backen macht Freude“ aus den 1980er-Jahren, das damals stolze 2000 Lire kostete: Ich besuchte die Grundschule und probierte eifrig die Rezepte aus dem Buch aus. Dabei gelang nicht alles auf Anhieb – im Gegenteil, das eine oder andere kleine Desaster passierte unweigerlich: verkohlte Kekse, zusammengefallene oder gar noch rohe Kuchen ... mitunter vertauschte ich Zucker und Salz, und das Endprodukt war schlicht ungenießbar.

Seither sind einige Jahre vergangen, und meine Begeisterung ist sogar noch gewachsen – und mit ihr die Freude daran, meine Rezepte mit anderen zu teilen. So beschloss ich kurzerhand, beides mit meinem Interesse für Technologie zu kombinieren und filmte Kochvideos, fotografierte meine Kreationen und veröffentlichte die Rezepte zuerst auf meinem Blog und schließlich in meinen Büchern.

„Al Forno – Ofenfrische Gerichte“ ist mein erstes deutschsprachiges Kochbuch, und ich bin besonders stolz darauf, denn darin dreht sich alles um meine große Leidenschaft, das Backen: Tatsächlich ist der Backofen seit eh und je mein treuer Gefährte. Was im Backofen passiert, ist für mich nach wie vor ungemein faszinierend und hat über die Jahre nichts von seiner Magie verloren.

Was gibt es Schöneres als den herrlichen Duft von frischgebackenem Brot und das leise Knistern der Kruste beim Auskühlen?

Südtiroler Spezialitäten und die traditionellen Erzeugnisse meiner Heimat stehen seit Jahren im Mittelpunkt meiner Arbeit, daneben aber hege ich seit jeher eine besondere Leidenschaft für Hefegebäck, Mürbteig und Béchamelsoße.

Für dieses Kochbuch habe ich nun Ofenrezepte jeder Art zusammengetragen – von Brot bis Kuchen, von Keksen über süßes und salziges Kleingebäck bis hin zu Antipasti und Einzelgerichten. Neben zahlreichen Neuheiten finden sich darunter auch einige bekannte Rezepte, allerdings in rundum verbesserter Form. Die Sammlung ist natürlich stark von der Südtiroler Küche und meinen Jahren in London und Paris geprägt, aber so viel steht fest: Eure Küche wird herrlich duften!

Die Rezepte sind für jedes Niveau geeignet und leicht nachzumachen: Hie und da – etwa beim Hefegebäck – ist etwas mehr Geduld oder Achtsamkeit erforderlich, aber die Freude am Backen steht stets im Vordergrund.

Bevor wir nun die Küchenmaschine anwerfen oder die Butter aus dem Kühlschrank holen – ich habe bei der Zusammenstellung dieses Buches davon nahezu 4 kg gebraucht –, möchte ich euch noch einige nützliche Informationen mitgeben.

Ich habe das Backzubehör, sämtliche Utensilien und Tipps für die Umsetzung der Rezepte in diesem Buch aufgelistet: Damit lernt ihr Form und Größe der Backformen kennen und erfahrt, wie ihr die Formen mit Backpapier auslegen, den Teig richtig falten oder rasch und einfach portionieren könnt, und vieles andere mehr.

Blättert euch einfach durch – ich bin mir sicher, dass ihr schon beim Anblick der Bilder Lust aufs Backen bekommt.

Und jetzt: drei … zwei … eins … **RAN AN DEN OFEN!**

Wissens-
wertes

Essenzielle Utensilien

Hier findet ihr eine Aufzählung mit Bezeichnungen und Bildern all jener Utensilien, die bei der Umsetzung der Rezepte in diesem Buch nützlich oder sogar unabdingbar sind. Falls ihr sie erst kaufen müsst, habe ich als Hilfestellung jeweils Größe und Durchmesser angeführt: Mit ein paar Schlüsselwörtern lässt sich online alles leicht finden.

1. **Backblech** 30 × 23 cm – etwas kleiner als die übliche Fettpfanne zu 45 × 35 cm
2. **Donut-Backform** 7 cm Durchmesser
3. **Muffin-Backform** für 12 Stück
4. **Focaccia-Backform** 40 × 25 cm
5. **Teigkarten** aus Stahl oder Kunststoff
6. **Tarteform** 20 und 24 cm Durchmesser
7. **Backpinsel** und **Silikonschaber**
8. **Springform** 24 cm Durchmesser
9. **Madeleine-Backform** für 12 Stück
10. **Kastenkuchen-Backform** 22 × 12 cm
11. **Kastenform** 23 × 13 cm
12. **Toastbrot-Backform** 30 × 10 cm mit Deckel
13. **Kaisersemmeldrücker** – online leicht zu finden
14. **Kuchengitter**
15. **Digitale Waage** und **Präzisionswaage** (für kleine Zutatenmengen)
16. **Gelochte Silikonbackmatten** – sorgen für gleichmäßig gebackene Kekse mit angenehm rauem Boden
17. **Gärkörbe für Brotteig** – länglich zu 28 × 13 cm und rund mit 25 cm Durchmesser
18. **Messbecher und Dosierlöffel** für Cups (Tassen), Milliliter, Esslöffel und Teelöffel (und Bruchteile davon)
19. **Tortenbodenschneider** – perfekt, um Kuchen einfach in zwei oder mehrere Lagen zu schneiden
20. **Gusseiserner Brotbacktopf** mit 25 cm Durchmesser – ideal für große Laibe
21. **Teigausstecher** – am besten kauft ihr ein Set mit Ausstechern in verschiedenen Größen
22. **Eisportionierer** in unterschiedlichen Größen – äußerst nützlich, um Teig für Muffins oder kleine Kekse und Cookies einfach zu portionieren
23. **Nudelholz** mit Abstandhaltern – um Teig präzise und gleichmäßig auszurollen
24. **Einwegspritzbeutel** mit verschiedenen Tüllen (Loch-, Stern- oder Rosettentülle)

1
2
3
4
5
6
7
8
9
10
11
12
13
14
15
16
17
18
19
20
LA COCOTTE
STAUB
21
22
23
24

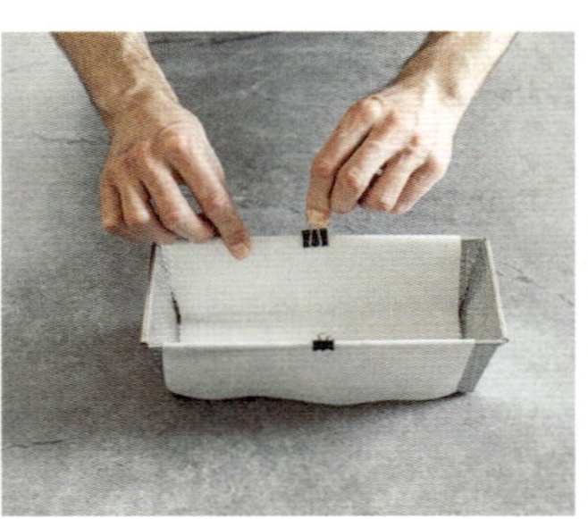

Springformen mit Backpapier auslegen

Eine Springform auslegen ist ganz einfach. So geht's:

Aus einem Blatt Backpapier ein Quadrat ausschneiden, das etwas größer als der Durchmesser der Springform ist. Jeweils mittig das Quadrat erst zu einem Rechteck falten, dann wieder zu einem kleineren Quadrat und abschließend weitere zwei Mal zu einem spitzen Dreieck. Das Dreieck auf die umgedrehte Springform legen, wobei das Ende der langen Seite auf der Mitte der Form liegt. Nun dem Rand der Springform entlang den Überstand abschneiden und das Backpapier auseinanderfalten: Es sollte etwa gleich groß sein wie der Boden der Form. Falls es doch noch etwas zu groß ist, einfach wieder zusammenfalten und ein paar Millimeter zusätzlich abschneiden. Den Rand der Springform einfetten und das Backpapier am Boden auslegen.

Kastenkuchen-Backformen mit Backpapier auslegen

Um eine Kastenkuchen-Form richtig auszulegen, braucht ihr Backpapier und ein paar Klammern (werden vor dem Backen abgenommen).

Ein Stück Backpapier in der Breite der Form ausschneiden. Es muss lang genug sein, um die Innenseite der Backform auszulegen.

Das Papier in die Form legen und mit den Klammern fixieren (ich nehme dazu Papierklammern).

Einen Streifen Backpapier ausschneiden, der breit genug ist, um die übrigen Seiten der Form abzudecken, und ebenfalls mit Klammern befestigen. Den Teig einfüllen und vor dem Backen die Klammern wieder abnehmen.

Teig falten

Es ist immer ratsam, Hefeteig zu falten, sobald er glatt und elastisch ist: Dadurch gewinnt er an Struktur und Volumen, fließt nicht auseinander und lässt sich besser formen. Vor allem bei stark hydrierten Teigsorten kann so außerdem die Hefe rascher arbeiten.

Dazu wird der Teig auf die Arbeitsfläche gestürzt. Damit er nicht an der Arbeitsfläche oder an den Händen kleben bleibt, lohnt es sich, die Fläche mit etwas Öl (Natives Olivenöl Extra oder Pflanzenöl) einzufetten oder leicht zu bemehlen.

Den Teig nun leicht mit den Händen flachdrücken, gedrittelt zusammenfalten (in etwa wie einen Geschäftsbrief), um 90 Grad drehen und erneut gedrittelt zusammenfalten.

Nun mit dem Teigschluss nach unten auslegen, locker an den Seiten fassen und heranziehen, um 90 Grad drehen und den Vorgang wiederholen, bis eine glatte Kugel entsteht.

Portionieren

Besonders beim Brötchenbacken muss der Teig in kleinere Portionen oder Teiglinge mit bestimmtem Gewicht (wird in jedem Rezept angegeben) geteilt werden.

Dazu nehmen wir einfach eine rechteckige Teigkarte, schneiden etwas Teig ab und geben ihn auf die Waage. Je nach Bedarf geben wir etwas Teig dazu oder schneiden ein Stückchen ab, bis das gewünschte Gewicht erreicht ist. Werden Teigstücke hinzugefügt, legt man sie am besten mittig auf das große Hauptstück.

Wenn wir nun Kugeln formen, falten wir den Teig einfach über die kleineren Stücke und erhalten eine glatte Kugel.

Mehltypen

Es gibt mehrere Unterscheidungskriterien für Mehl. An erster Stelle ist die Backstärke zu nennen: Sie bezeichnet die Fähigkeit des Mehls, Gluten zu entwickeln, Wasser aufzunehmen und bei der Gärung Kohlenstoffdioxid zurückzuhalten. Der entsprechende W-Wert hängt vom Proteingehalt ab und ermöglicht eine Einteilung in schwaches (bis zu 170 W), mittleres (180 bis 260 W) und starkes Mehl (270 bis 350 W).

Schwaches Mehl eignet sich besonders für Kekse und Torten, da das Endprodukt angenehm weich und mürbe, aber nicht elastisch wird.

Starkes Mehl hingegen eignet sich bestens für Brot: Es bildet viel Gluten aus und sorgt damit für einen elastischen, gut strukturierten Teig, der optimal aufgeht und beim Backen seine Form behält.

Außerdem unterscheidet man mehrere Typen für verschiedenste Verwendungszwecke.
In Italien gilt: Je höher die Zahl (Skala von 00, 0, 1 bis 2) desto höher ist der Mineralstoffgehalt im Mehl und desto höher ist auch der Ausmahlungsgrad des Korns.

Mehl der Type 00 etwa ist besonders fein gemahlen und wird aus dem Inneren des Weichweizenkorns hergestellt, das beim Mahlen Ballaststoffe, Vitamine und Mineralstoffe verliert. Dieses Mehl ist reich an Stärke, fühlt sich besonders glatt an und lässt sich leicht verarbeiten. Es eignet sich vor allem für Mürbteig, Kuchen, Béchamelsoße oder Nudeln und zum Bemehlen von Arbeitsflächen und Backformen.

Verwendung	Südtirol	Österreich	Deutschland	Schweiz
Universalmehl / Standardmehl	Weizenmehl 00 blau	W 480 > 12 g Protein	Weizenmehl Type 550	Weißmehl Typ 550
Backwaren / Brot	Weizenmehl 00 gelb	W 480 > 13 g Protein	Weizenmehl Type 405	Weißmehl Typ 400
Roggenbrote / Roggenteige	normales Roggenmehl (Type 1)	R 960	Roggenmehl Type 997	dunkles Roggenmehl
Hefeteige	Manitoba-Mehl	Manitoba-Mehl	Manitoba-Mehl	Manitoba-Mehl
Nudeln, Grießnocken, Arbeitsfläche usw.	Semola Hartweizengrieß fein	Semola Hartweizengrieß fein	Semola Hartweizengrieß fein	Semola Hartweizengrieß fein
Paniermehl	doppelgriffiges Mehl	doppelgriffiges Mehl	doppelgriffiges Mehl	doppelgriffiges Mehl

Type 0 beinhaltet einen höheren Schalenanteil, ist etwas weniger fein als Type 00 und eignet sich aufgrund seines höheren Glutengehalts besonders für die Herstellung elastischer Brotteige mit gut ausgeprägtem Teiggerüst.

Mehl der Type 1 wird aus dem Inneren des Weizenkorns gewonnen und ist dank seines hohen Anteils an Kleie und Weizenkeim reich an wertvollen Nährstoffen. Dieses halb ausgemahlene Mehl eignet sich bestens zum Brotbacken – ich habe immer eine ausreichende Reserve davon in meiner Vorratskammer.

Mehl der Type 2 ist ebenfalls halb ausgemahlen und enthält mehr Ballaststoffe als Type 1. Es ist griffig und eignet sich für etwas körnigere Brotsorten.

Für das grobe Vollkornmehl wird hingegen das ganze Korn samt Schale gemahlen. Es enthält Stärke, Kleie und Weizenkeim. Vollkornmehl erfordert mehr Aufwand in der Verarbeitung – es saugt mehr Wasser auf als andere Typen und macht den Teig zuweilen sehr brüchig –, ist aber besonders reich an wertvollen Nährstoffen.

Manitoba-Mehl wird aus proteinreichem, besonders witterungsbeständigem Weichweizen hergestellt und ist neuerdings nicht mehr nur als Type 0, sondern auch als Type 1 erhältlich. Es nimmt Wasser gut auf, verleiht dem Teig eine elastisch-geschmeidige Konsistenz und eignet sich daher für Backwaren mit langer Teigführung.

Hartweizen-Feingrieß unterscheidet sich von Weichweizenmehlen durch seine Griffigkeit und die typische gelbe Farbe, die es seinem erhöhten Gehalt an Carotinoiden verdankt. In Kombination mit anderen Mehlsorten verleiht es dem Teig eine besondere Textur – z. B. der Oliven-Focaccia in diesem Buch. Bemehlen wir damit die Arbeitsfläche beim Formen unserer Brötchen, gibt Hartweizen-Feingrieß der Kruste eine ansprechend raue Konsistenz.

Auch bei Maismehl unterscheidet man je nach Feinheitsgrad zwei Typen: Bramata ist die gröbste Variante und wird vor allem für Polenta verwendet, das feingemahlene Fioretto für verschiedene andere Teigsorten. Der Nährwert von Maismehl entspricht in etwa jenem von Weizenmehl, allerdings enthält es kein Gluten und ist damit für Zöliakiekranke geeignet.

Das dunkle, aromatische Roggenmehl ist reich an Mineralstoffen wie Kalium, Phosphor, Kalzium, Eisen und Natrium. Es enthält lediglich einen geringen Anteil an Gluten, kommt aber für eine glutenfreie Ernährung nicht in Frage.

Buchweizen ist, anders als der Name vermuten lässt, ein Pseudogetreide aus der Familie der Knöterichgewächse. Das daraus gewonnene Mehl mit seinem unverwechselbaren Geschmack ist reich an Eiweißen und Mineralstoffen, enthält von Natur aus kein Gluten und eignet sich damit bestens für die Zubereitung süßer wie auch herzhafter glutenfreier Speisen.

Mürbteig

Der süße, weiche Mürbteig wird aus einfachen Zutaten wie Mehl, Butter, Eiern, Zucker und Aromastoffen wie etwa Zitronen- oder Orangenschale hergestellt. Die Butter muss kalt sein und wird erst bei der Zubereitung aus dem Kühlschrank genommen, damit der Teig nicht zu weich zum Ausrollen ist und sich leicht verarbeiten lässt.

Gleich nach der Zubereitung sollte Mürbteig im Kühlschrank ruhen. Damit die Kerntemperatur rasch sinkt und der Teig sich setzt, formt man ihn am besten nicht zu einer Kugel, sondern zu einem wenige Zentimeter hohen, flachen Ziegel: So kühlt er nicht nur rasch ab, sondern lässt sich auch anschließend leichter verarbeiten und ausrollen.

Wenn der Mürbteig bei der Verarbeitung weich wird und glänzt, ist er zu warm und könnte brüchig werden. In diesem Fall einfach zum Auskühlen in den Kühlschrank geben.

Bei der Zubereitung von Mürbteig werden zuallererst Mehl und Butter zu einer krümeligen Mischung verarbeitet: So wird der Teig noch zarter und die Butter bindet kleine Mehlmengen, die später für die richtige Konsistenz sorgen. Ich gebe dazu die beiden Zutaten kurz in eine Küchenmaschine mit Klingeneinsatz, alternativ lassen sich Mehl und Butter auch von Hand gut zerreiben – dazu muss die Butter allerdings sehr kalt sein. Mürbteig sollte immer zügig verknetet werden und darf sich nicht erwärmen, damit kein Gluten entsteht und das Endprodukt zäh wird.

Blindbacken

Beim Blindbacken wird der Teig vorgebacken und erst anschließend gefüllt oder belegt.

Dabei wird er mit einer „blinden" Füllung beschwert, damit er nicht aufgeht und die Form verliert. Nach dem Auslegen in der Springform wir der Teig mit einer Gabel angestochen und anschließend mit einer Schicht Backpapier belegt, auf der getrocknete Hülsenfrüchte, Reis oder Blindbackkugeln aus Keramik verteilt werden.

Stäbchentest

Um herauszufinden, ob ein Kuchen durchgebacken ist, verwenden wir ein Holzstäbchen. Das Stäbchen stechen wir nach Ablauf der angegebenen Backzeit in die Mitte des Kuchens: Bleibt nichts daran kleben, ist der Kuchen fertig, andernfalls verlängern wir die Backzeit um etwa 5 Minuten und versuchen es anschließend mit einem neuen Stäbchen wieder.

Triebmittel

In dieser Rezeptsammlung habe ich vor allem Backpulver und Bierhefe (frisch oder als Granulat) verwendet. Auf Sauerteig – auch unter der italienischen Bezeichnung „Lievito madre" bekannt – habe ich verzichtet, da die Rezepte so einfach wie möglich sein sollen und mir vor allem auch das nötige Know-how fehlt, um euch den richtigen Umgang damit beizubringen.

Backpulver besteht aus einem alkalischen Stoff, in der Regel Natriumhydrogencarbonat, einem oder mehreren sauren Salzen wie Weinsteinsäure sowie einem feuchtigkeitsbindenden Trennmittel, meist Maisstärke. Durch die Säure-Base-Reaktion entstehen Kohlenstoffdioxidbläschen, die den Teig auflockern. Backpulver entfaltet seine Wirkung in der Hitze des Backofens, daher muss der Teig nicht ruhen.

Bierhefe ist ein mikroskopisch kleiner, einzelliger Pilz namens *Saccharomyces cerevisiae*, der durch Fermentation Kolonien bildet. Der Pilz wird auf einem Malz-Substrat in einem Gärbehälter gezüchtet, wo er sich Tausende Mal vermehrt. Die Hefe wird in der Zentrifuge vom Nährsubstrat getrennt und anschließend gepresst oder getrocknet. Frischhefe hat eine geringe Haltbarkeit und behält ihre Eigenschaften nur, wenn sie zwischen 2 und 8 Grad Celsius im Kühlschrank aufbewahrt wird. Trockenhefe hingegen hält auch mehr als ein Jahr lang. Im Unterschied zu Backpulver wird Bierhefe nicht durch Hitze aktiviert, sondern während der – je nach Verarbeitung unterschiedlich langen – Teigruhe und Gare vor dem Backen.

STEFANO
CAVADA

Mehlkochstück

Beim Mehlkochstück – auch bekannt als Tangzhong oder Milk Roux – handelt es sich um eine Mehlschwitze mit einem besonders hohen Anteil an Milch (manchmal auch Wasser).

Die im Mehl enthaltene Stärke verkleistert bei einer Temperatur zwischen 50 und 70 Grad Celsius, wodurch die Ausbildung des Teiggerüsts und das Aufgehen des Teigs begünstigt werden. Für einige Rezepte, die ein besonders weiches, gut aufgegangenes Endergebnis erfordern, habe ich daher diese Methode angewandt.

Das Mehlkochstück sorgt nicht nur für eine wesentlich weichere und luftigere Krume, sondern ermöglicht zudem eine höhere Teigausbeute und längere Frischhaltung.

Teigruhe und Gare

Die Gärung ist das Ergebnis einer chemischen Reaktion, bei der Glucose zu Ethanol und Kohlenstoffdioxid verwandelt wird. Die durch Vergären des Zuckers im Mehl entstandenen CO_2-Bläschen verfangen sich im Teiggerüst, wodurch sich das Teigvolumen erhöht. Beim Backen dehnen sie sich schließlich aus und es entsteht die für Hefeteig typische luftige Krume. Darin liegt auch der Grund dafür, dass glutenarme oder glutenfreie Mehlsorten nur schwer aufgehen: Da sich kein Eiweißgerüst bildet, entweicht das Kohlenstoffdioxid großteils, und der Teig nimmt kaum an Volumen zu. Um für ein gutes Teiggerüst zu sorgen, verwenden wir am besten eine Küchenmaschine mit Knethaken oder einen Teigrührer, denn gerade der Knetvorgang und die dabei angewandte Kraft begünstigen seine Entstehung. Selbstverständlich spricht nichts gegen das gute alte Kneten von Hand, allerdings braucht man dazu viel Geduld und Muskelkraft.

Die Teigruhe im Kühlschrank ist streng genommen keine Gare, da unter 8–10 Grad Celsius kein Stoffwechsel stattfindet. Die chemischen Reaktionen laufen jedoch weiter: Die Amylase (ein Protein) verwandelt weiterhin Stärke in Einfachzucker. Sobald wir ihn aus dem Kühlschrank nehmen, enthält der Teig daher wesentlich mehr Einfachzucker – und damit mehr „Nahrung“ für die Hefe, wodurch die Gare mit steigender Temperatur besonders effizient wieder Fahrt aufnimmt. Außerdem finde ich, dass der Teig bei der Kühlschrankgare einen besonderen Duft und einen viel komplexeren und ansprechenderen Geschmack entwickelt. Kurz – er schmeckt besser!

Die Ruhezeit hängt aber nicht nur von der Hefemenge ab: Es gibt eine ganze Reihe von Variablen, von der Umgebungstemperatur über die Mehltype, den Wasseranteil und allfällige weitere Zutaten. Die Umgebungstemperatur sollte niemals über 30 Grad Celsius liegen, denn bei Hitze kann die Hefe übersäuern oder absterben. Ebenso sind Temperaturschwankungen zu vermeiden, darum sollte der Teig während der Gare zugedeckt werden.

An und für sich können wir jeden Teig auch bei Zimmertemperatur (im Sommer an einem möglichst kühlen Ort) oder im Ofen gehen lassen – viele Backöfen haben heute eine eigene Gärstufe. Dabei ist lediglich zu beachten, dass die Temperatur nicht über 30 Grad Celsius liegt.

Zum Abschluss noch ein wichtiger Punkt: Bei zu langer Teigruhe kommt es zur Übergare, und der Teig geht so weit auf, dass er in sich zusammenfällt. Er bekommt einen säuerlichen Geruch, ist klebrig und schwer zu verarbeiten.

Heizarten

Backöfen für den Haushaltsgebrauch haben mit dem technologischen Fortschritt der vergangenen Jahrzehnte einige Veränderungen durchgemacht, und die neusten Modelle sind auf verschiedenste Ansprüche und Kochmethoden ausgelegt. Jeder Backofen verfügt aber über mindestens drei Funktionen: Ober- und Unterhitze, Umluft und Grill.

Bei Ober- und Unterhitze strahlen die Heizelemente im oberen und unteren Teil des Backraums Hitze aus.

Beim Umluftbetrieb wird die Hitze mithilfe eines Ventilators gleichmäßig im ganzen Backraum verteilt und sorgt für rasches, einheitliches Backen.

Außerdem können bei Umluft mindestens zwei Backbleche gleichzeitig gebacken werden (in der Bedienungsanleitung findet ihr Näheres dazu und gegebenenfalls Angaben zur jeweiligen Ebene).

In diesem Buch führe ich meistens die Backtemperaturen für beide Betriebsarten an. Nicht selten hängt die Wahl von unseren persönlichen Vorlieben oder sogar vom Backofen selbst ab: Werden beispielsweise Mürbteigkekse im Umluftbetrieb besonders gut oder gelingen Gerichte wie Lasagne bei Ober- und Unterhitze besser, spricht nichts gegen diese Methoden. Ich persönlich bevorzuge Ober- und Unterhitze für große Brotlaibe, Lasagne, Focaccia und Pizza, während ich Kekse und Brötchen bei Umluft (und oft auf zwei Schienen) backe.

Allgemein gilt: 180 Grad Ober- und Unterhitze entspricht in etwa 160 Grad Umluft – also 20 Grad weniger.

Die Grillfunktion wird hingegen zum Gratinieren verwendet. Ein Heizelement im oberen Teil des Backraums strahlt besonders große Hitze aus. Beim Einsatz der Grillfunktion ist auf den richtigen Abstand zum Heizelement zu achten: Die Gerichte sollten nie auf der obersten Schiene stehen und im Auge behalten werden, da sie aufgrund der großen Hitze leicht anbrennen könnten.

Bei Lasagne und gratinierten Gerichten mit großteils bereits gekochten Zutaten (Béchamelsoße, Ragout, ...) wähle ich zuerst Ober- und Unterhitze oder Umluft, um die Ausgangstemperatur zu erhöhen oder den Eiernudelteig zu garen. Für das perfekte Gratin genügt es, anschließend 5 bis 10 Minuten die Grillfunktion einzuschalten: Es bildet sich im Nu eine perfekte zart-knusprige Kruste.

Neben diesen drei Funktionen sind manche Backöfen sogar mit einer Dampfzugabe ausgestattet. Dabei handelt es sich nicht um eine reine Dampfgarfunktion: Gebacken wird mit Ober- und Unterhitze oder Umluft, aber zusätzlich werden aus einem meist seitlich montierten Wassertank oder über ein externes Ansaugsystem Dampfstrahlen abgegeben. Das Wasser wird durch ein kleines Heizelement im Backraum in Dampf verwandelt.

Mit dieser Funktion werden Backwaren wie beispielsweise Brot, Pizza und Focaccia, die in der ersten Backphase Feuchtigkeit benötigen, goldbraun gebacken.

Vorheizen

Vor dem Backen wird der Backofen stets auf die im Rezept angegebene Temperatur vorgeheizt. Bevor wir unseren Teig hineingeben, muss die gewünschte Temperatur bereits seit mehreren Minuten erreicht worden sein, damit die Hitze gleichmäßig im Backraum verteilt ist.

Der Backofen sollte immer auf die nötige Stufe vorgeheizt werden, bevor Teig oder Gerichte hineinkommen: So behält Mürbteig seine Form, und Hefeteig kann richtig aufgehen.

Ofenfrische Donuts,
Rezept Seite 55

Kleine Leckerbissen

BUTTERWEICHE MINIPIZZAS

Diese Minipizzas, in Südtirol auch Pizzette genannt, sind herrlich weich! Für mich haben sie eine geradezu magische Anziehungskraft: Schon nur beim Anblick läuft mir das Wasser im Mund zusammen, und ich könnte raue Mengen davon verdrücken. Das Geheimnis hinter ihrer fluffigen Konsistenz? Kartoffelstärke macht den Teig wunderbar weich. In diesem Rezept mache ich sie mit dem klassischen Belag aus Tomaten, Mozzarella und Basilikum – ihr könnt aber eurer Fantasie diesbezüglich freien Lauf lassen!

30 Minipizzas
Zubereitung 40 Minuten
Gärzeit 3 Stunden
Ruhezeit 12 Stunden
Backzeit 14 Minuten
Teigausstecher 8 cm Ø

Teig
300 g mehlige Kartoffeln, geschält, in Würfel geschnitten
500 g Weizenmehl Rieper Type 1
3,5 g Trockenhefe (oder 12 g Frischhefe)
1 TL Zucker
200 ml Wasser
4 EL Natives Olivenöl Extra
12 g Salz

Belag
200 g Tomaten aus der Dose
1 Prise Salz
1 EL Natives Olivenöl Extra
1 TL getrockneter Oregano
200 g Stangenmozzarella, in Würfel geschnitten
1 Bund Basilikum

1 In einem Topf mit kaltem Wasser die Kartoffeln zum Kochen bringen und 14 Minuten garen. Abgießen und 15 Minuten in einem Sieb auskühlen lassen.

2 In der Schüssel der Küchenmaschine Mehl, Trockenhefe (oder in Wasser gelöste Frischhefe) und Zucker mit einem Löffel vermischen.

3 Die Kartoffeln in der Schüssel mit einem Kartoffelstampfer zerdrücken. Wasser und Olivenöl dazugeben und 8 Minuten mit dem Knethaken zu einem glatten, elastischen Teig verarbeiten. Das Salz hinzugeben und 1 weitere Minute kneten.

4 Den Teig auf die leicht gefettete Arbeitsfläche geben, einige Male falten und eine Kugel formen. In eine ebenfalls leicht gefettete Schüssel geben, mit Klarsichtfolie oder einem Teller abdecken, bei Zimmertemperatur 2 Stunden gehen lassen und anschließend im Kühlschrank 12 Stunden (bis maximal 24 Stunden) ruhen lassen.

FORTSETZUNG SEITE 33 ↘

5 Den Teig auf die Arbeitsfläche stürzen und mit dem Nudelholz und etwas Mehl etwa 5 mm dick ausrollen. Mit dem Teigausstecher Minipizzas ausstechen und auf ein mit Backpapier ausgelegtes Backblech geben. Das Backpapier solltet ihr vorher mit etwas Öl einfetten. Die Minipizzas mit den Fingerspitzen von der Mitte nach außen hin leicht andrücken, damit – wie bei einer klassischen Pizza – ein kleiner Rand entsteht. Die Minipizzas mit einem Tuch abdecken und 1 Stunde bei Zimmertemperatur gehen lassen.

6 Tomaten, Salz, Olivenöl und Oregano in einer Schüssel mischen. Jede Minipizza mit einem Teelöffel Tomaten, etwas gewürfeltem Mozzarella und schließlich ein paar geschnittenen Basilikumblättern belegen.

7 Im vorgeheizten Backofen bei 240 Grad Ober- und Unterhitze (220 Grad Umluft) etwa 14 Minuten backen, oder bis die Minipizzas an der Oberfläche schön gebräunt sind.

8 Die Minipizzas aus dem Backofen nehmen, einige Minuten auskühlen lassen und lauwarm servieren.

WÜRSTEL IM BLÄTTERTEIGFÄCHER

Dieses Rezept ist nicht nur sehr einfach, sondern kommt auch immer gut an – wer mag schon keine Würstel? Während sie im Ofen backen, könnt ihr einen passenden Cocktail mixen, zu dem ihr die Leckerbissen serviert.

4 Portionen
Zubereitung 5 Minuten
Backzeit 18 Minuten

Blätterteigfächer
2 Pkg. rechteckiger Blätterteig
4 Würstel

1 Die Blätterteigrollen der Länge nach halbieren, sodass 4 Rechtecke entstehen.

2 Jeweils ein Würstel in jedes Blätterteig-Rechteck wickeln und auf ein mit Backpapier ausgelegtes Backblech geben.

3 Die Würstelrollen mit einer Küchenschere in etwa 1,5 cm dicke Scheiben schneiden und diese zueinander versetzt auslegen.

4 Im vorgeheizten Backofen bei 220 Grad Ober- und Unterhitze (200 Grad Umluft) etwa 18 Minuten backen.

5 Die Fächer aus dem Backofen nehmen, auf dem Blech auskühlen lassen und servieren.

HERZHAFTE SCONES

Scones ähneln Buchteln oder dicken Pfannkuchen und werden traditionell mit Clotted Cream – einer Art Streichrahm – und Erdbeermarmelade gegessen. Die schottische Spezialität ist seit dem frühen 16. Jahrhundert bekannt und erfreut sich nicht nur in ihrer süßen, sondern auch in ihrer herzhaften Variante großer Beliebtheit: Dazu wird lediglich der Zucker durch salzige Zutaten ersetzt, z. B. Parmesan. Scones schmecken ofenwarm und fluffig-weich am besten.

8 Scones
Zubereitung 5 Minuten
Backzeit 14 Minuten

Teig
220 g Weizenmehl Rieper Type 00 blau
½ TL Salz
2 TL Trockenhefe
1 TL englisches Senfpulver (oder herkömmlicher Senf)
50 g kalte Butter, in Würfel geschnitten
50 g Parmesan, gerieben
2 EL Schnittlauch, fein geschnitten
150 g Magerjoghurt

Zum Bestreichen
1 Eigelb
1 EL Milch

1 In einer Schüssel Mehl, Salz, Hefe und Senf mit einem Löffel verrühren. Die in Würfel geschnittene Butter dazugeben und mit den Fingerspitzen im Mehl zu einer krümeligen Mischung zermürben. Parmesan und Schnittlauch untermischen. Das Joghurt dazugeben und die Mischung mit einem Löffel zu einer kompakten Masse verarbeiten (lediglich kurz rühren, der Teig soll nicht glatt und geschmeidig werden).

2 Den Teig auf der Arbeitsfläche von Hand verkneten, bemehlen und mit einem Nudelholz etwa 3 cm dick ausrollen. In 8 keilförmige Teile schneiden und diese auf ein mit Backpapier ausgelegtes Blech geben.

3 Eigelb und Milch in einer kleinen Schüssel verquirlen und die Scones bestreichen.

4 Im vorgeheizten Backofen bei 200 Grad Ober- und Unterhitze (180 Grad Umluft) etwa 14 Minuten backen.

5 Die Scones aus dem Backofen nehmen, 10 Minuten auskühlen lassen und lauwarm servieren.

MAIS-PAPRIKA-GRISSINI MIT GEBACKENEM CAMEMBERT

Diese Grissini sind der perfekte Snack für einen gemütlichen Aperitif – dazu ein unwiderstehlicher Dip aus geschmolzenem Camembert, einem typischen Weichkäse aus der Normandie, mit delikatem Thymianaroma. Läuft euch auch schon das Wasser im Mund zusammen?

30 Grissini
Zubereitung 30 Minuten
Gärzeit 1 Stunde
Backzeit 30 Minuten

Teig
280 g Weizenmehl Rieper Type 1
140 g fein gemahlenes Maismehl (Fioretto)
3,5 g Trockenhefe (oder 12 g Frischhefe)
3 TL geräuchertes Paprikapulver
1 TL Zucker
250 ml Wasser
80 g Butter auf Zimmertemperatur
8 g Salz

Zum Bestreuen
2 EL fein gemahlenes Maismehl (Fioretto)

Gebackener Camembert
1 Camembert (am besten im Holzkistchen)
ein paar Thymianzweige
1 EL Natives Olivenöl Extra
schwarzer Pfeffer, gemahlen

1 In der Schüssel der Küchenmaschine Mehl, Speisestärke, Trockenhefe (oder in Wasser gelöste Frischhefe), Paprikapulver und Zucker mit einem Löffel vermischen. Wasser dazugeben und die Mischung mit dem Knethaken 8 Minuten zu einem glatten Teig verarbeiten. Die geschnittene cremige Butter hinzufügen und mit dem Knethaken vollständig einarbeiten. Salz hinzugeben und 1 weitere Minute kneten.

2 Den Teig auf die Arbeitsfläche stürzen, einige Male falten, in eine leicht gefettete Schüssel geben, mit Klarsichtfolie oder einem Teller abdecken und 1 Stunde bei Zimmertemperatur gehen lassen.

3 Den Teig auf eine leicht bemehlte Arbeitsfläche geben, zu einem 2 cm dicken Rechteck ausrollen und mit Maismehl bestreuen.

4 Mit einem Messer oder einer Teigkarte etwa 2 cm breite Teigstücke von der kürzeren Seite her abschneiden. Die Stücke zu etwa 35 cm langen Stangen formen und mit etwas Abstand zueinander auf ein mit Backpapier ausgelegtes Backblech geben.

5 Im vorgeheizten Backofen bei 200 Grad Ober- und Unterhitze (180 Grad Umluft) etwa 20 Minuten backen. Die Grissini aus dem Backofen nehmen, 5 Minuten auf dem Blech und anschließend auf einem Kuchengitter auskühlen lassen.

6 Den Camembert aus dem Papier nehmen, in die Holzkiste (Plastik entfernen!) oder in einen kleinen Backtopf legen, mit einem Messer rautenförmig einschneiden und mit den Thymianzweigen garnieren. Mit Olivenöl bestreichen und mit etwas Pfeffer bestreuen.

7 Den Camembert im vorgeheizten Backofen bei 200 Grad Ober- und Unterhitze (180 Grad Umluft) etwa 10 Minuten backen, anschließend ofenwarm zusammen mit den Grissini servieren.

LAUGENHÖRNCHEN

Laugenhörnchen sind die perfekte Kombination aus Laugengebäck und Croissants – und in Südtiroler Backstuben äußerst beliebt. Sie schmecken mit herzhaftem Belag, beispielsweise Wurst, Käse und Salat oder Lachs und Frischkäse, umwerfend.

12 Laugenhörnchen
Zubereitung 30 Minuten
Ruhezeit 30 Minuten
Gärzeit 2 Stunden
Backzeit 20 Minuten

Mehlkochstück
20 g Weizenmehl Rieper Manitoba
100 ml Milch

Teig
375 g Weizenmehl Rieper Manitoba
1 TL Zucker
5 g Trockenhefe (oder 18 g Frischhefe)
200 ml Wasser
60 g Butter auf Zimmertemperatur
8 g Salz

Weiteres
120 g Butter auf Zimmertemperatur
100 ml Wasser
3 g Laugenflocken (oder 1 EL Backnatron)
1 EL Sesamsamen

1 Für das Mehlkochstück Mehl und Milch in einem kleinen Topf mit dem Schneebesen gut vermischen. Leicht zum Kochen bringen und einige Minuten unter häufigem Rühren mit einem Spatel kochen, bis ein dicker Brei entsteht. Vom Herd nehmen, das Mehlkochstück in eine Schüssel umfüllen und auskühlen lassen.

2 In der Schüssel der Küchenmaschine Manitoba-Mehl, Zucker und Trockenhefe (oder in Wasser gelöste Frischhefe) mit einem Löffel vermischen. Mehlkochstück und Wasser hinzufügen und mit dem Knethaken etwa 8 Minuten zu einem glatten, elastischen Teig verarbeiten. Die geschnittene cremige Butter hinzufügen und vollständig einarbeiten. Salz hinzugeben und 1 weitere Minute kneten.

3 Den Teig auf die Arbeitsfläche geben, einige Male falten und eine Kugel formen. In eine Schüssel geben, mit Klarsichtfolie oder einem Teller abdecken und 1 Stunde bei Zimmertemperatur gehen lassen.

4 Den Teig in 7 Stücke zu je 105 g teilen. Die Stücke zu Kugeln formen, mit einem sauberen Tuch abdecken und 10 Minuten auf der Arbeitsfläche ruhen lassen.

FORTSETZUNG SEITE 42 ↘

5 Mit dem Nudelholz und etwas Mehl eine Kugel zu einer Scheibe von etwa 15 cm Durchmesser ausrollen. Die Scheibe dünn und gleichmäßig mit cremiger Butter bestreichen, dabei etwa 1 cm Rand aussparen. Eine weitere Teigkugel zu einer Scheibe von 15 cm Durchmesser ausrollen, über die erste Scheibe legen und leicht andrücken. Den Vorgang wiederholen, bis die Butter und alle Teigkugeln aufgebraucht sind (die letzte Scheibe wird nicht mit Butter bestrichen).

6 Den Teig zwischen 2 Lagen Backpapier etwa 20 Minuten ins Gefrierfach legen.

7 Den Teig aus dem Gefrierfach nehmen, das Backpapier entfernen und mit dem Nudelholz und etwas Mehl zu einer Scheibe von 46 cm Durchmesser ausrollen.

8 Die Scheibe mit einem Messer in 12 gleich große Dreiecke schneiden.

9 Die Dreiecke von der breiten Seite her einrollen und Hörnchen formen.

10 Die Hörnchen mit etwas Abstand zueinander auf zwei mit Backpapier ausgelegte Backbleche legen und 1 Stunde bei Zimmertemperatur gehen lassen.

11 Für die Natronlauge die Laugenflocken (oder das Backnatron) in kaltem Wasser auflösen. Nehmt dazu eine Schüssel aus Stahl oder Glas – niemals aus Kunststoff! –, verwendet zur Sicherheit Handschuhe und schützt die Arbeitsfläche. Die Hörnchen mit der Lauge bepinseln und mit etwas Sesamsamen bestreuen.

12 Im vorgeheizten Backofen bei 200 Grad Ober- und Unterhitze (180 Grad Umluft) etwa 20 Minuten backen.

13 Die Laugenhörnchen aus dem Backofen nehmen, 10 Minuten auf dem Blech und anschließend auf einem Kuchengitter auskühlen lassen.

AUFBEWAHRUNG: in einer Papiertüte bis zu 2 Tage lang haltbar, alternativ dazu ins Gefrierfach geben.

CAVADINI

Cavadini ähneln den panierten Teigtaschen, die ich als Kind so gern gegessen habe und heute noch liebe. Als Hommage an meine Kindheit wollte ich meine ganz eigene Version davon kreieren. Der Teig aus Roggenmehl lässt sich einfach ausrollen und ausstechen, und für die Füllung habe ich Mozzarella und Spinat verwendet – aber auch hier sind der Fantasie sind keine Grenzen gesetzt!

10 Cavadini
Zubereitung 30 Minuten
Backzeit 25 Minuten
Teigausstecher 12 cm Ø

Teig
400 ml Milch
30 g Butter
80 g Roggenmehl Rieper
120 g Dinkelmehl Rieper
1 Prise Muskatnuss, gerieben
1 Prise Salz

Füllung
2 EL Natives Olivenöl Extra
1 Knoblauchzehe
150 g Spinat, gekocht und ausgedrückt
1 Prise Salz
100 g Stangenmozzarella (für Pizza)

Panade
100 g Brotbrösel
2 EL Natives Olivenöl Extra
1 Prise Salz
1 Ei

1 Milch und Butter in einem Topf zum Kochen bringen. Roggenmehl und Dinkelmehl sieben und zusammen mit der Muskatnuss und dem Salz in einem Mal zur Milch geben. Mit einem Holzlöffel bei geringer Hitze rühren, bis ein homogener Brei entsteht.

2 Den Teig auf ein Backbrett stürzen und von Hand einige Male falten. Anschließend vollständig auskühlen lassen.

3 In der Zwischenzeit Olivenöl und Knoblauch in einer Pfanne erhitzen. Den Spinat einige Minuten dünsten und mit Salz abschmecken. Die Knoblauchzehe herausnehmen.

4 Mozzarella in Stücke schneiden und mit einem Messer oder in der Küchenmaschine fein hacken.

5 Den Teig zu einem Rechteck von etwa 50 cm Breite, 15 cm Länge und 3 mm Dicke ausrollen. Mit dem Teigausstecher Scheiben ausstechen. In die Mitte jeder Scheibe ein wenig Spinat und 1 Esslöffel Mozzarella geben. Die Scheiben in der Mitte falten, dabei rund um die Füllung gut andrücken, um möglichst viel Luft zu entfernen, und die Ränder gut verschließen.

6 Die Teigreste verkneten und Punkt 5 wiederholen, bis ihr 10 Cavadini habt.

7 Brotbrösel, Olivenöl und Salz mischen, das Ei separat verquirlen. Die Teigtaschen paniert ihr, indem ihr sie zuerst in das Ei und dann in die Brotbrösel taucht.

8 Die Cavadini auf ein mit Backpapier ausgelegtes Backblech geben.

9 Im vorgeheizten Backofen bei 200 Grad Ober- und Unterhitze (180 Grad Umluft) etwa 20 Minuten backen, anschließend unter dem Grill 5 Minuten gratinieren, bis die Oberfläche goldbraun ist.

MILCHBRÖTCHEN MIT SCHOKOLADENTROPFEN

Diese herrlich fluffigen Milchbrötchen mit Schokoladentropfen sind das Highlight bei jedem Frühstück und passen bestens zu einer Tasse dampfend heißem Milchkaffee. Mein Tipp: Kurz aufwärmen, damit Konsistenz und Duft noch besser zur Geltung kommen.

16 Milchbrötchen
Zubereitung 30 Minuten
Ruhezeit 12 Stunden
Gärzeit 4 Stunden
Backzeit 20 Minuten

Mehlkochstück
20 g Weizenmehl Rieper Type 0 rot
100 ml Milch

Teig
500 g Weizenmehl Rieper Manitoba
3,5 g Trockenhefe (oder 12 g Frischhefe)
60 g Zucker
190 ml Milch auf Zimmertemperatur
2 Eier auf Zimmertemperatur
1 Bio-Zitronenschale, fein gerieben
1 TL Vanillepaste (oder Mark aus 1 Vanilleschote)
1 EL Anislikör (oder Grappa)
100 g Butter auf Zimmertemperatur
150 g Schokoladentropfen
7 g Salz

Zum Bestreichen
2 EL Milch

1 Für das Mehlkochstück Mehl und Milch in einem kleinen Topf mit dem Schneebesen gut vermischen. Leicht zum Kochen bringen und einige Minuten unter häufigem Rühren mit einem Spatel kochen, bis ein dicker Brei entsteht. Vom Herd nehmen, das Mehlkochstück in eine Schüssel umfüllen und auskühlen lassen.

2 In der Schüssel der Küchenmaschine Manitoba-Mehl, Trockenhefe (oder in Milch gelöste Frischhefe) und Zucker mit einem Löffel vermischen. Mehlkochstück, Milch, Eier, geriebene Zitronenschale, Vanillepaste, Anislikör hinzufügen und mit dem Knethaken etwa 8 Minuten zu einem glatten, elastischen Teig verarbeiten. Die geschnittene cremige Butter hinzufügen und vollständig einarbeiten. Schokoladentropfen und Salz dazugeben und weitere 2 Minuten kneten.

3 Den Teig auf die leicht gefettete Arbeitsfläche geben, einige Male falten und eine Kugel formen. In eine ebenfalls leicht gefettete Schüssel geben, mit Klarsichtfolie oder einem Teller abdecken, bei Zimmertemperatur 1 Stunde gehen lassen und anschließend im Kühlschrank 12 Stunden ruhen lassen.

4 Den Teig aus dem Kühlschrank nehmen und in 16 Portionen zu je 75 g teilen. Daraus Kugeln formen und mit etwas Abstand auf mit Backpapier ausgelegte Bleche legen, mit einem sauberen Tuch abdecken und 3 Stunden lang bei Zimmertemperatur gehen lassen.

5 Die Milchbrötchen mit etwas Milch bestreichen. Im vorgeheizten Backofen bei 180 Grad Ober- und Unterhitze (160 Grad Umluft) etwa 20 Minuten backen.

6 Die Milchbrötchen aus dem Backofen nehmen und 5 Minuten auf dem Blech und anschließend auf einem Kuchengitter auskühlen lassen.

AUFBEWAHRUNG: in einer Papiertüte bis zu 3 Tage lang haltbar, alternativ dazu ins Gefrierfach geben.

STEFANO
CAVADA

SCHOKOMUFFINS

Kennt ihr die leckeren Schokomuffins, wie man sie oft in den Schaufenstern amerikanischer Bäckereien sieht? Diese hier sind genauso schokoladig, weich und unwiderstehlich. Schon nur der Duft, der sich beim Backen in der Küche breitmacht, ist ein Erlebnis.
P.S. Sie sind auch warm eine Wucht!

10 Muffins
Zubereitung 10 Minuten
Backzeit 22 Minuten

Muffins
250 g Weizenmehl Rieper Type 00 gelb
3 TL Backpulver
50 g Backkakao
½ TL Salz
100 g Zucker
60 g Rohrzucker
2 Eier
180 ml Milch
120 g Butter, zerlassen
1 EL Vanilleextrakt
150 g Schokoladentropfen

1 Mehl, Backpulver und Backkakao in eine Schüssel sieben. Salz, Zucker und Rohrzucker hinzufügen. Eier, Milch, zerlassene Butter und Vanilleextrakt hinzugeben. Mit einem Schneebesen zu einer glatten Masse verarbeiten. Zum Schluss die Schokoladentropfen untermengen.

2 10 Papierförmchen in eine Muffin-Backform geben und den Teig einfüllen (am besten mit einem Eisportionierer, falls vorhanden).

3 Im vorgeheizten Backofen bei 180 Grad Ober- und Unterhitze (160 Grad Umluft) etwa 22 Minuten backen.

4 Die Muffins aus dem Backofen nehmen, 5 Minuten in der Backform und anschließend auf einem Kuchengitter auskühlen lassen.

AUFBEWAHRUNG: in der Tortenbox bei Zimmertemperatur 3 Tage lang haltbar.

MADELEINES

Madeleines sind ein weiches französisches Gebäck mit einer charakteristischen gewölbten Form und Muschelrelief. Ihren unverwechselbaren Geschmack verdanken sie der fein geriebenen Orangenschale und der Nussbutter, die durch sanftes Erhitzen der Butter und Karamellisieren des darin enthaltenen Zuckers gewonnen wird. Die wunderbar weichen Madeleines wurden dank Prousts „Auf der Suche nach der verlorenen Zeit“ als perfekte Nascherei zum Nachmittagstee berühmt ... und wecken laut dem französischen Autor nicht selten süße Erinnerungen.

24 Madeleines
Zubereitung 20 Minuten
Ruhezeit 1 Stunde
Backzeit 12 Minuten
2 Madeleine-Backformen zu je 12 Stück

Teig
130 g Butter, in Würfel geschnitten
3 Eier
90 g Zucker
1 EL Vanilleextrakt (oder Mark aus 1 Vanilleschote)
2 EL Blütenhonig
130 g Weizenmehl Rieper Type 00 gelb
1 TL Backpulver
1 Prise Salz
1 Bio-Orangenschale, fein gerieben

Zum Einfetten der Form
2 EL Butter, zerlassen

Zum Bestreuen
Staubzucker

1 In einem kleinen Topf mit dickem Boden die geschnittene Butter vorsichtig erhitzen und 10 Minuten köcheln, bis sie eine goldbraune Farbe annimmt (Achtung, sie darf nicht zu dunkel werden). Den Topf vom Herd nehmen, die Nussbutter durch ein Sieb in eine Schüssel seihen und vollständig auskühlen lassen.

2 In einer Schüssel Eier und Zucker mit dem Schneebesen verrühren, bis der Zucker vollständig aufgelöst ist. Vanilleextrakt und Blütenhonig unterrühren. Mehl und Backpulver zusammensieben. Die Mehlmischung, das Salz, die geriebene Orangenschale und die Nussbutter dazugeben und mit dem Schneebesen verrühren.

3 Den Teig mit Klarsichtfolie abdecken und mindestens 1 Stunde (bis zu 12 Stunden) im Kühlschrank ruhen lassen.

4 Zwei Backformen für je 12 große Madeleines einfetten.

5 Die Teigmischung mit einem Spritzbeutel in die Formen geben. Die Vertiefungen sollten nicht ganz voll sein.

6 Im vorgeheizten Backofen bei 210 Grad Ober- und Unterhitze (190 Grad Umluft) etwa 12 Minuten backen, bis die Madeleines goldbraun sind.

7 Die Madeleines aus dem Backofen nehmen, zuerst in der Backform und anschließend auf einem Kuchengitter vollständig auskühlen lassen. Vor dem Servieren mit etwas Staubzucker bestreuen.

AUFBEWAHRUNG: in einem luftdicht verschlossenen Behälter bei Zimmertemperatur 3 Tage lang haltbar.

ERDNUSS-SCHOKOLADEN-BAISERS

Wer gerne Kuchen bäckt und Mürbteig macht, kennt das Problem: Nicht selten bleibt Eiweiß übrig. Eine ideale Gelegenheit, um köstliche große Baisers zu machen, die herrlich auf der Zunge zergehen! Am besten mit Schokolade und Erdnüssen.

18 Baisers
Zubereitung 15 Minuten
Backzeit 80 Minuten

Baisers
3 Eiweiß (circa 100 g)
180 g Zucker
40 g Bitterschokolade mit 70 % Kakaoanteil
100 g geröstete Erdnüsse

1 In der Küchenmaschine das Eiweiß mit dem Schneebesen ein paar Minuten zu Eischnee schlagen. Weiterrühren, den Zucker einrieseln lassen und 8 Minuten aufschlagen, bis die Baisermasse fest und glänzend ist.

2 In der Zwischenzeit die Bitterschokolade im Wasserbad schmelzen und anschließend in eine andere Schüssel umfüllen, damit sie nicht zu heiß wird.

3 Die flüssige Schokolade und die gerösteten Erdnüsse in die Baisermasse einarbeiten. Für den richtigen Marmor-Effekt nicht zu stark verrühren.

4 Mit zwei Löffeln oder einem Spritzbeutel mit breiter Tülle die Baisermasse in kleinen Häufchen auf ein mit Backpapier ausgelegtes Backblech setzen.

5 Im vorgeheizten Backofen bei 120 Grad Ober- und Unterhitze (100 Grad Umluft) etwa 80 Minuten backen. Wenn die Baisers fertig gebacken sind, den Backofen ausschalten und bei halbgeöffneter Tür auskühlen lassen.

6 Die Baisers können nach Belieben noch mit flüssiger Schokolade verziert werden.

AUFBEWAHRUNG: in einer Papiertüte oder in einer Keksdose bei Zimmertemperatur bis zu 3 Tage lang haltbar.

OFENFRISCHE DONUTS

Einfach zuzubereiten, süß und mit einer unwiderstehlichen Bitterschokoglasur. Zum Schluss noch mit ein paar Zuckerstreuseln verzieren, und voilà – Donuts, wie sie Homer Simpson liebt!

16 Donuts
Zubereitung 15 Minuten
Backzeit 12 Minuten
Donut-Backform 7 cm Ø

Teig
50 g Butter auf Zimmertemperatur
70 g Rohrzucker
1 EL Vanilleextrakt
3 Eier
140 g Weizenmehl Rieper Type 00 gelb
1 TL Backpulver
25 g Mandelmehl
1 Prise Salz
50 g Schokoladentropfen

Zum Verzieren
100 g Bitterschokolade
30 g weiße Schokolade

1 In einer Schüssel die cremige Butter und den Rohrzucker mit dem Handrührer schaumig schlagen. Weiterschlagen und erst den Vanilleextrakt, dann nacheinander die Eier hinzufügen.

2 Mehl und Backpulver sieben und zusammen mit Mandelmehl und Salz in den Teig einarbeiten. Abschließend die Schokoladentropfen unterheben.

3 Einen Spritzbeutel mit dem Teig füllen. Die gebutterte Backform bis etwa einen halben Zentimeter unter dem Rand füllen.

4 Im vorgeheizten Backofen bei 180 Grad Ober- und Unterhitze (160 Grad Umluft) etwa 12 Minuten backen.

5 Die Donuts aus dem Backofen nehmen, 10 Minuten in der Backform und anschließend auf einem Kuchengitter auskühlen lassen.

6 Die Zartbitterschokolade und die weiße Schokolade im warmen Wasserbad (oder in der Mikrowelle) schmelzen. Die Donuts zur Hälfte in die dunkle Schokolade tauchen, auf ein Kuchengitter legen, mit etwas weißer Schokolade verzieren und die Schokolade bei Zimmertemperatur einige Stunden lang fest werden lassen.

AUFBEWAHRUNG: in einem luftdicht verschlossenen Behälter oder einer Keksdose bei Zimmertemperatur bis zu 3 Tage lang haltbar.

VANILLE-WINDBEUTEL MIT KNUSPERKRUSTE

Das Craquelin – die knusprige Kruste – erhalten wir, indem wir vor dem Backen eine kleine Scheibe aus Mehl, Zucker und Butter auf den Brandteig legen. Die Windbeutel selbst werden meist halbiert und gefüllt, in diesem Rezept mit Schlagsahne und duftenden Vanillesamen, und sind der perfekte süße Abschluss für jedes Dinner.

14 Windbeutel
Zubereitung 40 Minuten
Ruhezeit 1 Stunde
Backzeit 25 Minuten

Craquelin
50 g kalte Butter, in Würfel geschnitten
60 g Rohrzucker
60 g Weizenmehl Rieper Type 00 gelb

Brandteig
125 ml Wasser
25 g Butter, in Würfel geschnitten
1 Prise Salz
75 g Weizenmehl Rieper Type 00 gelb
15 g Maisstärke (ansonsten: Kartoffel- oder Weizenstärke)
3 Eier (Größe M)
1 Msp. Backpulver

Füllung
400 ml frische Sahne
2 EL Staubzucker
Mark aus 1 Vanilleschote

1 Für das Craquelin Butter, Rohrzucker und Mehl in einer Küchenmaschine mit Klingeneinsatz zu einer groben Masse verarbeiten, anschließend kurz von Hand wie einen Mürbteig verkneten. Zwischen zwei Blättern Backpapier 2 mm dick ausrollen und mindestens eine Stunde im Kühlschrank ruhen lassen.

2 Für den Brandteig das Wasser in einen Topf geben und Butter und Salz hinzufügen. Zum Kochen bringen, die Butter schmelzen lassen und den Topf vom Herd nehmen. Mehl und Stärke zusammensieben, in den Topf geben und mit einem Holzlöffel zügig zu einer dickflüssigen Masse rühren. 1 Minute lang unter ständigem Rühren auf den Herd stellen, bis sich am Boden der Pfanne eine weiße Schicht bildet. Die Mischung in eine große Schüssel geben und auskühlen lassen.

3 Ein Ei hinzufügen und mit dem Schneebesen verrühren. Die Mischung klumpt zuerst etwas, wird aber allmählich glatt. Das zweite Ei erst hinzugeben, wenn das erste vollständig eingearbeitet ist. Vorgang mit dem dritten Ei wiederholen. Backpulver hinzugeben.

FORTSETZUNG SEITE 58 ↘

4 Den Brandteig in einen Spritzbeutel mit großer Lochtülle einfüllen.

5 Die vier Ecken eines Backblechs mit etwas Teig bestreichen, damit das Backpapier anhaftet. Windbeutel mit einem Durchmesser von etwa 4 cm formen.

6 Craquelin-Scheiben mit etwa 4 cm Durchmesser ausschneiden und je eine auf jeden Windbeutel setzen.

7 Im vorgeheizten Backofen bei 200 Grad Ober- und Unterhitze (180 Grad Umluft) etwa 25 Minuten backen und die Ofentür vor Ende der Backzeit nicht öffnen.

8 Anschließend den Backofen ausschalten und die Tür einige Augenblicke öffnen, damit die Feuchtigkeit entweichen kann. Die Windbeutel bei halbgeöffneter Ofentür 1 Stunde lang auskühlen lassen und abschließend zum vollständigen Auskühlen auf ein Kuchengitter geben.

9 Sahne mit Staubzucker und Vanillemark steifschlagen. Windbeutel halbieren und mit Hilfe eines Spritzbeutels füllen.

AUFBEWAHRUNG: in einer Springform im Kühlschrank bis zu 3 Tage lang haltbar.

HAFER-ENERGIERIEGEL MIT WEISSER SCHOKOLADE

Ob zum Frühstück, als Snack zwischendurch, beim Training oder beim Wandern – diese Energieriegel sind einfach perfekt! Einzeln in Backpapier verpackt könnt ihr die kleinen Kraftrationen bequem mitnehmen und jederzeit genüsslich knabbern.

14 Energieriegel
Zubereitung 20 Minuten
Backzeit 30 Minuten
Backblech 30 × 23 cm

Energieriegel
150 g Sultaninen
125 g Weizenmehl Rieper Type 00 gelb
160 g Haferflocken
½ TL Salz
3 EL Ahornsirup
120 g Butter, in Würfel geschnitten
150 g Rohrzucker
1 EL Milch
1 TL Backnatron
80 g Haselnüsse, gehackt
70 g weiße Schokoladentropfen

1 Wasser in einem Topf zum Kochen bringen, vom Herd nehmen und die Sultaninen 15 Minuten einweichen. Abgießen und beiseitestellen.

2 In einer Schüssel Mehl, Haferflocken und Salz vermischen. In einem kleinen Topf Ahornsirup, Butter und Rohrzucker vermischen. Auf dem Herd erhitzen, bis Butter und Zucker vollständig aufgelöst sind (muss nicht zwingend kochen). Vom Herd nehmen und Milch und Backpulver einrühren. Alles in die Schüssel mit den trockenen Zutaten geben, die abgetropften Sultaninen, die gehackten Haselnüsse und die weißen Schokoladentropfen hinzufügen.

3 Zutaten mischen, die Masse in ein mit Backpapier ausgelegtes Backblech füllen, gleichmäßig verteilen und andrücken.

4 Im vorgeheizten Backofen bei 180 Grad Ober- und Unterhitze (160 Grad Umluft) etwa 30 Minuten backen.

5 Aus dem Backofen nehmen, 15 Minuten auf dem Blech auskühlen lassen. Anschließend 16 etwa 10 × 4 cm große Riegel schneiden und auf einem Kuchengitter vollständig auskühlen lassen.

AUFBEWAHRUNG: in einem luftdichten Behälter 5 Tage lang haltbar.

Bierbrot, Rezept Seite 88

Brot

MEHRKORN-GRISSONI MIT OLIVEN

Die langen, gedrehten Brotstangen bestechen durch ihre weiche Krume, eine wunderbar knusprige Kruste und ihren herzhaften Geschmack. Als Alltagsbrot eignen sich die Grissoni mit grünen Oliven ebenso gut wie als Aperitifhäppchen mit Aufschnitt und Käse.

20 Grissoni
Zubereitung 30 Minuten
Ruhezeit 16 Stunden
Gärzeit 2 Stunden
Backzeit 18 Minuten

Vorteig
320 g Vitagran Rieper Mehrkornmehl
¼ TL Trockenhefe (oder 3 g Frischhefe)
260 ml Wasser

Teig
500 g Vitagran Rieper Mehrkornmehl
3 g Trockenhefe (oder 10 g Frischhefe)
330 ml Wasser
1 TL Backmalz (oder Honig)
4 EL Natives Olivenöl Extra
250 g grüne Riesenoliven, entsteint
14 g Salz

Zum Backen
Hartweizengrieß Rieper fein
10 Eiswürfel

1 Für den Vorteig Mehrkornmehl und Trockenhefe (oder in Wasser gelöste Frischhefe) in einer Schüssel mit einem Löffel vermischen. Das Wasser dazugeben und zu einem glatten Teig rühren. Die Schüssel mit Klarsichtfolie oder einem Teller abdecken und 16 Stunden (oder über Nacht) bei Zimmertemperatur gehen lassen.

2 Für den Teig in der Schüssel der Küchenmaschine Mehrkornmehl und Trockenhefe (oder in Wasser gelöste Frischhefe) mit einem Löffel vermischen. Vorteig, Wasser, Backmalz und Olivenöl dazugeben und mit dem Knethaken etwa 10 Minuten zu einem glatten, recht feuchten Teig verarbeiten.

3 Die Oliven in große Stücke schneiden, zusammen mit dem Salz zum Teig geben und etwa 1 Minute lang gut einarbeiten.

4 Den Teig auf die leicht gefettete Arbeitsfläche geben und zu einer Kugel formen. In eine gefettete Schüssel geben, mit Klarsichtfolie oder einem Teller abdecken und 30 Minuten bei Zimmertemperatur gehen lassen.

5 Den Teig auf die leicht gefettete Arbeitsfläche stürzen und erneut zu einer Kugel formen. In der Schüssel 1 Stunde bei Zimmertemperatur gehen lassen.

FORTSETZUNG SEITE 67 ↘

SOLVE
THAT
DINNER
PROBLEM
from your grocer. Equal to any obtainable in high-class restaurants. Simply heat for 10 minutes.
CORSETS
Write for Free Explanatory Booklet.
"HOW TO WRITE ADVERTISEMENTS."
IT FLOATS!!
www.garciadepou.com
BIODEGRADABLE

6 Den Teig auf die mit reichlich Hartweizengrieß bestreute Arbeitsfläche geben, seinerseits mit Hartweizengrieß bestreuen und mit einer Teigkarte oder einem Messer etwa 18 × 4 cm große Grissoni ausschneiden. Die Grissoni zwirbeln, dabei die beiden Enden fassen und in entgegengesetzte Richtungen drehen.

7 Die Stangen auf zwei mit Backpapier ausgelegte Backbleche legen, mit einem Tuch oder mit Klarsichtfolie abdecken und 30 Minuten bei Zimmertemperatur ruhen lassen.

8 Eine kleine Form am Boden des Backraums aufstellen und den Ofen auf 250 Grad Ober- und Unterhitze vorheizen. 5 Eiswürfel in die Form geben, um Dampf zu erzeugen, und das erste Backblech in den Backofen geben. 18 Minuten backen. Vorgang mit den 5 übrigen Eiswürfeln und dem zweiten Blech wiederholen.

9 Grissoni aus dem Backofen nehmen und auf einem Kuchengitter vollständig auskühlen lassen.

AUFBEWAHRUNG: in einer Papiertüte bis zu 2 Tage lang haltbar, alternativ dazu ins Gefrierfach geben.

LAUGENBRÖTCHEN

Laugenbrötchen sind nicht umsonst vielerorts auch als Heidis Lieblingsgebäck bekannt – tatsächlich kamen sie in der bekannten Zeichentrickserie immer wieder vor. Ihren Namen bekommen sie von der Natronlauge, in die sie vor dem Backen getaucht werden: Dieser Schritt verleiht ihnen die typische dunkelbraune Kruste und ihren besonderen Geschmack, der an Brezeln erinnert. Als Kind liebte ich Laugenbrötchen mit Speck und Käse über alles, und bis heute hat sich daran nichts geändert!

10 Laugenbrötchen
Zubereitung 25 Minuten
Ruhezeit 30 Minuten
Gärzeit 1 Stunde und 45 Minuten
Backzeit 17 Minuten

Mehlkochstück
20 g Weizenmehl Rieper Manitoba
100 ml Milch

Teig
300 g Weizenmehl Rieper Manitoba
200 g Weizenmehl Rieper Type 1
5 g Trockenhefe (oder 18 g Frischhefe)
1 TL Trockenmalz (ansonsten: 1 TL Honig oder Flüssigmalz)
180 ml Wasser
140 ml Vollmilch auf Zimmertemperatur
10 g Salz
40 g Butter auf Zimmertemperatur

Natronlauge
1 l Wasser
30 g Laugenflocken
oder
2 l Wasser
4 EL Backnatron
1 TL Salz

Zum Backen
5 Eiswürfel

1 Für das Mehlkochstück Mehl und Milch in einem kleinen Topf mit dem Schneebesen gut vermischen. Leicht zum Kochen bringen und einige Minuten unter häufigem Rühren mit einem Spatel kochen, bis ein dicker Brei entsteht. Vom Herd nehmen, das Mehlkochstück in eine Schüssel umfüllen und auskühlen lassen.

2 In der Schüssel der Küchenmaschine Mehl, Trockenhefe (oder in Wasser gelöste Frischhefe) und Trockenmalz (wer Honig oder Flüssigmalz nimmt, kann diese zu den flüssigen Zutaten geben) mit einem Löffel vermischen. Mehlkochstück, Wasser und Milch dazugeben und 8 Minuten zu einem glatten Teig verkneten. Salz dazugeben und 1 weitere Minute kneten. Die geschnittene cremige Butter dazugeben und kneten, bis sie vollständig in den Teig eingearbeitet ist.

3 Den Teig auf die leicht gefettete Arbeitsfläche geben und zu einer Kugel formen. In eine leicht gefettete Schüssel geben, mit Klarsichtfolie oder einem Teller abdecken und bei Zimmertemperatur 1 Stunde lang gehen lassen.

4 Den Teig in 10 Stücke zu je etwa 100 g teilen. Die Stücke zu Kugeln formen, mit einem sauberen Tuch abdecken und 10 Minuten auf der Arbeitsfläche ruhen lassen.

FORTSETZUNG SEITE 70 ↘

5 Jede Kugel zu einer Scheibe formen und gedrittelt zusammenfalten. Die Teigportionen von der kurzen Seite her zu einem länglichen Laib rollen.

6 Die Laibe auf 10 × 16 cm große Rechtecke aus Backpapier geben und mit etwas Abstand auf zwei Backbleche legen, mit einem sauberen Tuch abdecken und 45 Minuten bei Zimmertemperatur gehen lassen.

7 Anschließend die Laibe zusammen mit dem Backpapier vorsichtig anheben und für 20 Minuten in den Kühlschrank stellen.

8 Für die Natronlauge die Laugenflocken (oder das Backnatron) in kaltem Wasser auflösen. Nehmt dazu eine Schüssel aus Stahl oder Glas – niemals aus Kunststoff! –, verwendet zur Sicherheit Handschuhe und schützt die Arbeitsfläche. Die Laibe nun vorsichtig einige Sekunden lang in die Lauge tauchen, sodass sie gleichmäßig benässt werden. Mit einem Schaumlöffel abseihen und auf ein mit Backpapier ausgelegtes Backblech geben. Achtet stets darauf, dass Augen und andere empfindliche Stellen nicht mit der Lauge in Kontakt kommen! Alternative zur Natronlauge: 2 l Wasser in einem Topf zum Kochen bringen, Backnatron und Salz darin auflösen und die Laibe etwa 20 Sekunden lang kochen.

9 Anschließend mit einer Rasierklinge oder einem scharfen Messer an der Oberseite zweimal quer einschneiden.

10 Eine kleine Form am Boden des Backraums aufstellen und den Ofen auf 220 Grad Ober- und Unterhitze (200 Grad Umluft) vorheizen. 5 Eiswürfel in die Form geben, um Dampf zu erzeugen, die Brötchen in den Backofen geben und 17 Minuten backen.

11 Die Laugenbrötchen aus dem Backofen nehmen und anschließend auf einem Kuchengitter vollständig auskühlen lassen.

AUFBEWAHRUNG: in einer Papiertüte einige Tage lang haltbar, alternativ dazu ins Gefrierfach geben.

SCHÜTTELBROT

Der Name dieser Südtiroler Spezialität geht auf seine besondere Herstellungstechnik zurück: Vor dem Backen wird der Teig auf runden, mit Kleie bestreuten Brettern geschüttelt. Das würzige, brüchige Brot wird in der Regel in einem eigenen hölzernen Gestell in der Stube luftgetrocknet und traditionell zu Speck und Käse verzehrt.

8 Schüttelbrote
Zubereitung 30 Minuten
Ruhezeit 12 Stunden
Gärzeit 1 Stunde
Backzeit 20–25 Minuten

Vorteig
140 g Weizenmehl Rieper Type 1
1 Msp. Trockenhefe
(oder 1 g Frischhefe)
140 ml Wasser

Teig
470 g Roggenmehl Rieper
30 g Weizenmehl Rieper Type 1
4 g Trockenhefe
(oder 14 g Frischhefe)
2 TL Kümmel
5 g Fenchelsamen
5 g getrockneter Brotklee
400 ml Wasser
10 g Salz

Zum Bestauben
50 g Roggenmehl
50 g Haferkleie

Zum Backen
10 Eiswürfel

1 Für den Vorteig in einer Schüssel Mehl und Trockenhefe (oder in Wasser gelöste Frischhefe) mit einem Löffel mischen. Wasser hinzugeben alles zu einem sehr feuchten glatten Teig vermischen. In eine Schüssel geben, mit Klarsichtfolie oder einem Teller abdecken und bei Zimmertemperatur 12 Stunden lang (oder über Nacht) ruhen lassen.

2 In der Schüssel der Küchenmaschine Roggen- und Weizenmehl, Trockenhefe (oder in Wasser gelöste Frischhefe), Kümmel, Fenchelsamen und Brotklee mit einem Löffel vermischen. Vorteig und Wasser dazugeben und mit dem Knethaken 10 Minuten zu einem glatten Teig verarbeiten. Salz dazugeben und 1 weitere Minute kneten.

3 Den Teig in eine Schüssel geben, mit Klarsichtfolie oder einem Teller abdecken und 1 Stunde bei Zimmertemperatur gehen lassen.

FORTSETZUNG SEITE 74 ↘

4 Roggenmehl und Haferkleie mischen und auf der Arbeitsfläche verteilen. Den Teig auf die Arbeitsfläche stürzen, mit dem Mehl bestauben und in 8 Stücke zu je etwa 150 g teilen. Aus den Stücken Kugeln formen (können auch unterschiedlich groß sein) und etwas Mehl beimischen, falls der Teig zu klebrig ist.

5 Jede Kugel mit den Fingerspitzen zu einer dünnen Scheibe formen und bei Bedarf mit etwas Mehl bestauben. Die Schüttelbrote auf zwei mit Backpapier ausgelegte Backbleche geben.

6 Eine kleine Form am Boden des Backraums aufstellen und den Ofen auf 220 Grad Ober- und Unterhitze vorheizen. 5 Eiswürfel in die Form geben, um Dampf zu erzeugen, und das erste Backblech in den Backofen geben. 20 bis 25 Minuten backen. Vorgang mit den 5 übrigen Eiswürfeln und dem zweiten Blech wiederholen.

7 Die Schüttelbrote aus dem Backofen nehmen, auf einem Kuchengitter vollständig auskühlen lassen und mindestens eine Nacht lang bei Zimmertemperatur trocknen lassen.

AUFBEWAHRUNG: in einer Papiertüte 30 Tage lang haltbar.

SEMMELN

Semmeln sind in Südtirol allgegenwärtig: Mal mit Aufschnitt zur Marende (ich mag sie mit Speck besonders gern), mal mit Butter und Marmelade zum Frühstück. Das ursprünglich als „Kaisersemmel" bekannte Brötchen ist auch trocken noch äußerst nützlich und eignet sich ideal zum Knödelmachen. Hier möchte ich nun ein völlig überarbeitetes, einfacheres Rezept präsentieren, für das ich ausschließlich einen typisch italienischen, relativ trockenen Hefe-Vorteig verwende: Für den sogenannten Biga werden Wasser und Hefe nicht verknetet, sondern lediglich vermischt und anschließend mehrere Stunden bei Zimmertemperatur zum Ruhen beiseitegestellt. Mit dieser Methode duften die Semmeln besonders gut.

10 Semmeln
Zubereitung 25 Minuten
Ruhezeit 16 Stunden
Gärzeit 1 Stunde und 10 Minuten
Backzeit 16 Minuten
Kaisersemmeldrücker

Biga
500 g Weizenmehl Rieper Type 1 (oder Weizenmehl Manitoba)
2 g Trockenhefe (oder 8 g Frischhefe)
240 ml Wasser

Teig
50 ml Wasser
1 TL Trockenmalz (oder Honig)
10 g Salz
20 g Butter auf Zimmertemperatur

Zum Bestauben
10 g Roggenmehl Rieper (oder Weizenmehl Type 1)
10 g Maisstärke

Zum Bestreuen
Sesam- oder Mohnsamen

Zum Backen
5 Eiswürfel

1 Für den Biga in einer Schüssel Mehl und Trockenhefe (oder in Wasser gelöste Frischhefe) mischen. Wasser eingießen und von Hand oder mit einem Löffel vermischen, bis das Mehl das gesamte Wasser aufsaugt und sich Klümpchen bilden (Achtung, die Mischung sollte nicht verknetet werden und nicht glatt sein). Den Biga von Hand stückeln, die Schüssel mit Klarsichtfolie abdecken und bei Zimmertemperatur 16–18 Stunden ruhen lassen.

2 Den Biga in die Schüssel der Küchenmaschine geben. In einer kleinen Schüssel Trockenmalz und Salz in Wasser auflösen, in die Schüssel der Küchenmaschine geben und alles mit dem Knethaken 8 Minuten zu einem glatten Teig verkneten. Die geschnittene cremige Butter hinzufügen und vollständig einarbeiten.

3 Zum Bestauben Roggenmehl und Speisestärke vermischen. Den Teig auf die Arbeitsfläche stürzen, in 10 Stücke zu etwa 80 g teilen und aus jedem Stück eine Kugel formen. Die Kugeln gleichmäßig mit der Mehl-Stärke-Mischung

FORTSETZUNG SEITE 79 ↘

STEFANO
CAVADA

bestauben und anschließend mit etwas Abstand auf ein leicht bemehltes sauberes Tuch legen. Mit einem zweiten Tuch abdecken und 30 Minuten bei Zimmertemperatur gehen lassen.

4 Den Kaisersemmeldrücker auf jede Teigkugel setzen und andrücken, bis er die Arbeitsfläche berührt: So entsteht das typische Semmelmuster. Anschließend die Semmel kopfüber auf das Tuch legen. Alternativ dazu jede Kugel von Hand zu einem etwa 25 cm langen Strang verarbeiten (wie bei Kartoffelnocken), einen lockeren Knoten formen, ein Ende durch die Schlaufe ziehen, das andere außen herumziehen und beide Enden gut zusammendrücken.

5 Die fertig geformten Semmeln mit einem Tuch abdecken und an einem warmen Ort 40 Minuten gehen lassen.

6 Auf einem kleinen Teller zwei mittig gefaltete und befeuchtete Blätter Küchenpapier übereinander legen. Die Sesam- oder Mohnsamen auf einen zweiten kleinen Teller geben. Nun eine Semmel nach der anderen mit der Seite, die mit dem unteren Tuch in Berührung gekommen ist, auf das feuchte Küchenpapier und gleich darauf mit der so befeuchteten Seite auf die Samen setzen. Anschließend die Brötchen auf ein mit Backpapier ausgelegtes Backblech geben.

7 Eine kleine Form am Boden des Backraums aufstellen und den Ofen auf 250 Grad Ober- und Unterhitze (230 Grad Umluft) vorheizen. 5 Eiswürfel in die Form geben, um Dampf zu erzeugen, und die Semmeln in den Backofen geben. 16 bis 17 Minuten goldbraun backen.

8 Die Semmeln aus dem Backofen nehmen und zum Auskühlen auf ein Kuchengitter legen.

AUFBEWAHRUNG: in einer Papiertüte bis zu 2 Tage lang haltbar, alternativ dazu ins Gefrierfach geben.

SCHWARZBEER-MARMORBROT

Zwei Zutaten sind beim Kochen besonders wichtig: Fantasie und gute Laune. In diesem Brot steckt von beidem genügend, und seine hypnotisierenden, weiß-violetten Spiralen sorgen frühmorgens für einen ausgezeichneten Start in den Tag. Marmorbrot wird geschnitten serviert und schmeckt nicht nur zum Frühstück, sondern passt getoastet auch zu späterer Stunde bestens zu einem guten Käse.

1 Marmorbrot
Zubereitung 40 Minuten
Gärzeit 2 Stunden
Backzeit 40 Minuten
Kastenform 22 x 12 cm

Heller Teig
330 g Weizenmehl Rieper Type 1
3 g Trockenhefe
(oder 10 g Frischhefe)
200 ml Wasser
1 EL Honig
40 g Butter auf Zimmertemperatur
5 g Salz

Dunkler Teig
330 g Weizenmehl Rieper Type 1
3 g Trockenhefe
(oder 10 g Frischhefe)
100 ml Wasser
100 ml Natur-Schwarzbeersaft
1 EL Honig
40 g Butter auf Zimmertemperatur
5 g Salz

Zum Abschluss
1 EL Milch
1 TL Leinsamen

1 Für den hellen Teig Mehl und Trockenhefe (oder in Wasser gelöste Frischhefe) in der Schüssel der Küchenmaschine mit einem Löffel vermischen. Wasser, Honig und die cremige Butter hinzufügen und mit dem Knethaken 8 Minuten zu einem glatten Teig verarbeiten. Das Salz hinzugeben und 1 weitere Minute kneten.

2 Für den dunklen Teig Mehl und Trockenhefe (oder in Wasser gelöste Frischhefe) in der Schüssel der Küchenmaschine mit einem Löffel vermischen. Wasser, Schwarzbeersaft, Honig und die cremige Butter hinzufügen und mit dem Knethaken 8 Minuten zu einem glatten Teig verarbeiten. Das Salz hinzugeben und 1 weitere Minute kneten.

3 Die beiden Teige auf die leicht gefettete Arbeitsfläche stürzen, einige Male falten und zu je einer Kugel formen. In zwei leicht gefettete Schüsseln geben, mit Klarsichtfolie oder einem Teller abdecken und bei Zimmertemperatur 1 Stunde lang gehen lassen.

4 Beide Teige halbieren und in Stücke zu je 315 g teilen. Jedes Stück zu einer Kugel formen und auf der leicht bemehlten Arbeitsfläche mit einem Tuch abgedeckt 10 Minuten ruhen lassen.

FORTSETZUNG SEITE 83 ↘

5 Mit einem Brotmesser ein Kreuz in jede Kugel schneiden und die vier Ecken nach außen falten, sodass ein Quadrat entsteht. Mit dem Nudelholz und etwas Mehl zu einem etwa 22 × 12 cm großen Rechteck ausrollen. Die vier Rechtecke beginnend mit dem hellen Teig abwechselnd übereinanderschichten und das Teigpaket anschließend von der langen Seite her aufrollen. Die Rolle mit dem Teigschluss nach unten in eine gefettete rechteckige Backform geben (z. B. Kastenkuchen-Form), mit einem Tuch abdecken und 1 Stunde lang gehen lassen.

6 Den Laib mit Milch bestreichen und mit Leinsamen bestreuen. Mit einer Rasierklinge oder einem scharfen Messer dreimal diagonal einschneiden.

7 Im vorgeheizten Backofen bei 190 Grad Ober- und Unterhitze (170 Grad Umluft) etwa 40 Minuten backen.

8 Das Kastenbrot aus dem Backofen nehmen, mindestens 15 Minuten in der Backform und anschließend auf einem Kuchengitter auskühlen lassen.

AUFBEWAHRUNG: in einer Papiertüte einige Tage lang haltbar, alternativ dazu in Scheiben geschnitten ins Gefrierfach geben.

KASTANIENBROT

Ich liebe den Duft von Kastanien im Herbst, ganz gleich ob gekocht oder gebraten. In diesem Brot kombiniere ich gekochte Kastanien und einen recht deftigen Teig mit würziger Note. Mit etwas Butter und roter Beerenmarmelade schmeckt es herrlich.

1 Kastanienbrot
Zubereitung 20 Minuten
Ruhezeit 12 Stunden und 10 Minuten
Gärzeit 2 Stunden
Backzeit 35 Minuten
Runder Gärkorb (optional)

Teig
200 g Vollkornmehl Rieper
250 g Weizenmehl Rieper Manitoba
3 g Trockenhefe (oder 10 g Frischhefe)
½ TL Zimtpulver
¼ TL Muskatnuss, gerieben
¼ TL schwarzer Pfeffer, gemahlen
370 ml Wasser
10 g Salz
200 g gekochte Kastanien, grob geschnitten

Zum Bestauben
1 Handvoll Hartweizen-Feingrieß

Zum Backen
5 Eiswürfel

1 In der Schüssel der Küchenmaschine Vollkornmehl, Manitoba-Mehl, Trockenhefe (oder in Wasser gelöste Frischhefe), Zimt, Muskatnuss und Pfeffer mit einem Löffel vermischen. Wasser eingießen und mit dem Knethaken 8 Minuten zu einem glatten Teig verarbeiten. Das Salz dazugeben und 1 weitere Minute kneten, anschließend die gekochten Kastanien dazugeben und noch ein paar Minuten kneten.

2 Den Teig auf die leicht gefettete Arbeitsfläche stürzen und zu einer Kugel formen. In eine leicht gefettete Schüssel geben, mit Klarsichtfolie oder einem Teller abdecken und bei Zimmertemperatur 1 Stunde lang gehen lassen. Anschließend 12 Stunden lang (oder über Nacht) im Kühlschrank ruhen lassen.

3 Den Teig auf der leicht gefetteten Arbeitsfläche ausrollen. Mit den Händen flachdrücken und gedrittelt zusammenfalten, um 90 Grad drehen und erneut gedrittelt falten. Den Teig 10 Minuten ruhen lassen.

4 Mit dem Teigschluss nach unten locker an den Seiten fassen und heranziehen, um 90 Grad drehen und den Vorgang wiederholen, bis eine glatte Kugel entsteht.

FORTSETZUNG SEITE 87 ↘

5 Ein leicht angefeuchtetes rundes Gärkörbchen mit dem Hartweizen-Feingrieß bestreuen und den Teig mit dem Teigschluss nach oben hineinlegen (falls ihr kein Gärkörbchen habt, den Laib gleichmäßig mit Hartweizen-Feingrieß bestreuen und mit dem Teigschluss nach unten auf ein mit Backpapier ausgelegtes Backblech geben). Mit einem Tuch abdecken und bei Zimmertemperatur 2 Stunden gehen lassen.

6 Etwa eine halbe Stunde vor dem Ende der Gärzeit einen gusseisernen Brotbacktopf (24–28 cm Ø) im Backofen bei 250 Grad 30 Minuten erhitzen. Den Topf aus dem Backofen nehmen (Achtung, Verbrennungsgefahr!), den Teig auf ein Blatt Backpapier stürzen, mit einer Rasierklinge oder einem scharfen Messer einschneiden und mit Hilfe des Backpapiers in den Topf legen. Topf mit Deckel in den Backofen stellen, die Temperatur sofort auf 230 Grad senken und 25 Minuten backen, anschließend Deckel abnehmen und weitere 10 Minuten backen. Ohne Brotbacktopf: Teig nach dem Gären mit einer Rasierklinge oder einem scharfen Messer einschneiden und in den auf 250 Grad vorgeheizten Backofen geben. 5 Eiswürfel in eine kleine Ofenform am Boden des Backraums geben, sofort die Temperatur auf 230 Grad senken und 35 Minuten backen.

7 Das Brot aus dem Backofen nehmen und vor dem Anschneiden 30 Minuten auf einem Kuchengitter auskühlen lassen.

AUFBEWAHRUNG: in einer Papiertüte bis zu 3 Tage lang haltbar, alternativ dazu ins Gefrierfach geben.

BIERBROT

Dunkle Biere erinnern mit ihrer bräunlichen Färbung, starken Malznoten und dem charakteristischen Röstaroma an Kaffee und Schokolade. Dieses Brot mit Weizen- und Roggenmehl bekommt durch das Bier einen einzigartigen, intensiven Geschmack. Passt ideal zu einer dampfenden Suppe!

4 Laibe
Zubereitung 30 Minuten
Gärzeit 2 Stunden
Backzeit 25 Minuten

Teig
700 g Weizenmehl Rieper Type 1
300 g Roggenmehl Rieper
7 g Trockenhefe (oder 25 g Frischhefe)
500 ml dunkles Bier (bernsteinfarben oder Doppelbock)
200 ml Wasser
25 g Salz

Zum Bestauben
Hartweizengrieß Rieper fein

Zum Backen
5 Eiswürfel

1 In der Schüssel der Küchenmaschine Mehl und Trockenhefe (oder in Wasser gelöste Frischhefe) mit einem Löffel vermischen. Bier und Wasser eingießen und 10 Minuten zu einem glatten Teig verarbeiten. Salz dazugeben und 1 weitere Minute kneten.

2 Den Teig auf die leicht gefettete Arbeitsfläche stürzen und zu einer Kugel formen. In eine leicht gefettete Schüssel geben, mit Klarsichtfolie oder einem Teller abdecken und bei Zimmertemperatur 1 Stunde lang gehen lassen.

3 Den Teig auf die mit etwas Hartweizengrieß bestreute Arbeitsfläche geben und in 4 Stücke zu je 430 g teilen. Aus den Stücken Kugeln formen, auf das Backbrett geben, mit einem sauberen Tuch abdecken und 10 Minuten ruhen lassen.

4 Aus den Kugeln nicht zu dünne Scheiben formen und länglich aufrollen. Die Laibe von Hand formen und an den Enden spindelförmig abflachen.

5 Auf ein mit Backpapier ausgelegtes Backblech geben, mit einem Tuch abdecken und bei Zimmertemperatur 1 Stunde lang gehen lassen.

6 Eine kleine Form am Boden des Backraums aufstellen und den Ofen auf 250 Grad Ober- und Unterhitze vorheizen. 5 Eiswürfel in die Form geben, um Dampf zu erzeugen, und die Laibe in den Backofen geben. Die Temperatur sofort auf 230 Grad reduzieren und 25 Minuten backen.

7 Das Brot aus dem Backofen nehmen, 10 Minuten auf dem Blech und anschließend auf einem Kuchengitter auskühlen lassen.

AUFBEWAHRUNG: in einer Papiertüte bis zu 2 Tage lang haltbar, alternativ dazu ins Gefrierfach geben.

STEFANO
CAVADA

SAMENBROT

Beim Anschneiden kommt eine Vielzahl unterschiedlicher Kerne und Samen zum Vorschein, so etwa Sonnenblumenkerne, Sesam- und Leinsamen. Ein Brot mit knuspriger Kruste, weicher Krume und einzigartigem Geschmack, das sich bestens für Häppchen oder super Sandwiches eignet.

1 Laib
Zubereitung 30 Minuten
Ruhezeit 12 Stunden
Gärzeit 3 Stunden
Backzeit 35 Minuten

Teig
560 g Weizenmehl Rieper Type 1
3,5 g Trockenhefe
(oder 12 g Frischhefe)
400 ml Wasser
3 EL Sonnenblumenöl
3 EL Haferflocken
1 TL Mohnsamen
2 TL Sesamsamen
2 TL Leinsamen
10 g Salz

Zum Bestauben
Hartweizen-Feingrieß

Zum Backen
5 Eiswürfel

1 In der Schüssel der Küchenmaschine Mehl und Trockenhefe (oder in Wasser gelöste Frischhefe) mit einem Löffel vermischen. Wasser eingießen und 8 Minuten zu einem glatten Teig verarbeiten. Sonnenblumenöl, Haferflocken, Mohnsamen, Sesamsamen und Leinsamen dazugeben und 2 Minuten kneten. Salz dazugeben und 1 weitere Minute kneten.

2 Den Teig auf die leicht gefettete Arbeitsfläche stürzen und zu einer Kugel formen. In eine leicht gefettete Schüssel geben, mit Klarsichtfolie oder einem Teller abdecken und bei Zimmertemperatur 1 Stunde lang gehen lassen. Anschließend im Kühlschrank 12 Stunden (oder über Nacht) ruhen lassen.

3 Den Teig auf die bemehlte Arbeitsfläche stürzen. Mit den Händen flachdrücken und gedrittelt zusammenfalten, um 90 Grad drehen und von einer der kurzen Seiten aus zu einem länglichen Laib aufrollen.

4 Den Laib gleichmäßig mit dem Hartweizen-Feingrieß bestreuen und mit dem Teigschluss nach unten auf ein mit Backpapier ausgelegtes Backblech geben. Mit einem Tuch abdecken und bei Zimmertemperatur 2 Stunden gehen lassen.

5 Mit einer Rasierklinge oder einem scharfen Messer einschneiden.

6 Eine kleine Form am Boden des Backraums aufstellen und den Ofen auf 250 Grad Ober- und Unterhitze vorheizen. Eiswürfel in die Form geben, um Dampf zu erzeugen. Die Temperatur sofort auf 230 Grad reduzieren, den Laib in den Backofen geben und 35 Minuten backen.

7 Das Brot aus dem Backofen nehmen und vor dem Anschneiden 30 Minuten auf einem Kuchengitter auskühlen lassen.

AUFBEWAHRUNG: in einer Papiertüte bis zu 3 Tage lang haltbar, alternativ dazu ins Gefrierfach geben.

OLIVEN-FOCACCIA

Meine Lieblingsvariante! Die Oliven-Focaccia muss weich sein, eine leichte goldbraune Kruste haben und mit den typischen kleinen Löchern übersät sein. Sie steckt zudem innen wie außen voller grüner Oliven und Taggiasche-Oliven, die mit ihrem umwerfenden Geschmack unweigerlich Erinnerungen an Ligurien wecken: definitiv „olivig“ und einfach lecker.

1 Focaccia
Zubereitung 30 Minuten
Ruhezeit 12 Stunden
Gärzeit 2 Stunden und 30 Minuten
Backzeit 25 Minuten
Ofenform 40 × 25 cm

Teig
400 g Weizenmehl Rieper Manitoba
100 g Hartweizen-Feingrieß
3,5 g Trockenhefe (oder 12 g Frischhefe)
1 TL Trockenmalz (ansonsten: Honig oder Flüssigmalz)
380 ml Wasser
40 g Natives Olivenöl Extra
70 g Taggiasche-Oliven, gehackt
70 g grüne Oliven, gehackt
10 g Salz

Salzlake
1 Prise Salz
30 ml Wasser
30 ml Natives Olivenöl Extra

Zum Garnieren
40 g Taggiasche-Oliven
40 g grüne Oliven
1 EL getrockneter Oregano

1 In der Schüssel der Küchenmaschine Manitoba-Mehl, Hartweizen-Feingrieß, Trockenhefe (oder in Wasser gelöste Frischhefe) und Trockenmalz (wer Honig oder Flüssigmalz nimmt, kann diese zu den flüssigen Zutaten geben) mit einem Löffel vermischen. Wasser und Olivenöl eingießen und 10 Minuten zu einem glatten Teig verarbeiten. Gehackte Oliven und Salz dazugeben und weitere 2 Minuten kneten.

2 Den Teig auf die leicht gefettete Arbeitsfläche stürzen, einige Male falten und zu einer Kugel formen. In eine leicht gefettete Schüssel geben, mit Klarsichtfolie oder einem Teller abdecken und bei Zimmertemperatur 30 Minuten gehen lassen.

3 Den Teig wieder auf die gefettete Arbeitsfläche stürzen und erneut falten. Wieder in die leicht gefettete Schüssel geben, mit Klarsichtfolie oder einem Teller abdecken und bei Zimmertemperatur 30 Minuten gehen lassen.

4 Den Teig zum dritten Mal auf die gefettete Arbeitsfläche stürzen und zum dritten und letzten Mal falten. Wieder in die leicht gefettete Schüssel geben, mit Klarsichtfolie oder einem Teller abdecken und im Kühlschrank 12 Stunden (oder über Nacht) gehen lassen.

FORTSETZUNG SEITE 94 ↘

5 Eine Ofenform gut befetten und den Teig hineingeben, mit etwas Olivenöl beträufeln und mit den Fingern leicht flachdrücken. Die Ofenform mit einem Tuch abdecken und die Focaccia 1 Stunde bei Zimmertemperatur gehen lassen.

6 In der Zwischenzeit für die Salzlake das Salz in einem Behälter im Wasser auflösen und das Olivenöl hinzufügen. Die Salzlake bis zur Verwendung in den Kühlschrank stellen.

7 Die Focaccia mit den gehackten Oliven bestreuen. Mit etwas eingeölten Fingerspitzen den Teig an der gesamten Oberfläche gut bis zum Boden eindrücken: So entstehen die typischen Löcher in der Focaccia.

8 Die Salzlake in einem Glas mit einem Pürierstab (oder direkt im Mixer) emulgieren und über die Focaccia gießen. Darauf achten, dass die Lake vor allem in die Löcher gelangt. Die Focaccia mit Oregano bestreuen, mit einem Tuch abdecken und 30 Minuten bei Zimmertemperatur gehen lassen.

9 Im vorgeheizten Backofen bei 250 Grad Ober- und Unterhitze (230 Grad Umluft) etwa 25–30 Minuten goldbraun backen.

10 Die Focaccia aus dem Backofen nehmen und vor dem Anschneiden und Servieren auskühlen lassen.

AUFBEWAHRUNG: in einer Papiertüte bis zu 2 Tage lang haltbar, alternativ dazu ins Gefrierfach geben.

SPECK-ZWIEBEL-ZOPF

Speck und Zwiebel habe ich immer in meiner Speisekammer. Beides kombiniere ich hier in einem besonders ansprechend geformten Brot: Der eingerollte Zopf eignet sich bestens für ein Abendessen mit Freunden – auf einem schönen Schneidbrett präsentiert, geschnitten und griffbereit serviert macht er sich nicht nur optisch gut, sondern sorgt auch für ein echtes Geschmackserlebnis!

1 Zopf
Zubereitung 30 Minuten
Gärzeit 2 Stunden
Backzeit 1 Stunde
Springform 26 cm Ø

Teig
540 g Weizenmehl Rieper Type 1
5 g Trockenhefe
(oder 18 g Frischhefe)
30 g Zucker
280 ml Wasser
40 g Butter auf Zimmertemperatur
10 g Salz

Füllung
2 EL Natives Olivenöl Extra
400 g Zwiebel, fein geschnitten
40 g Butter
1 Msp. Knoblauchpulver
50 g Parmesan, gerieben
1 EL getrockneter Oregano
120 g Südtiroler Speck,
in feine Würfel geschnitten

Zum Ausrollen
1 Handvoll Mehl

1 In der Schüssel der Küchenmaschine Mehl und Trockenhefe (oder in Wasser gelöste Frischhefe) mit einem Löffel vermischen. Zucker und Wasser beimischen und 8 Minuten zu einem glatten Teig verarbeiten. Die geschnittene cremige Butter hinzufügen und vollständig einarbeiten. Salz dazugeben und 1 weitere Minute kneten.

2 Den Teig auf die leicht gefettete Arbeitsfläche stürzen, einige Male falten und zu einer Kugel formen. In eine leicht gefettete Schüssel geben, mit Klarsichtfolie oder einem Teller abdecken und bei Zimmertemperatur 1 Stunde lang gehen lassen.

3 In der Zwischenzeit für die Füllung das Olivenöl in einer beschichteten Pfanne erhitzen. Die fein geschnittene Zwiebel dazugeben und 15 Minuten auf kleiner Flamme schmoren, bis sie karamellisiert. Auskühlen lassen und anschließend in einer Küchenmaschine mit Klingeneinsatz pürieren. Geschnittene Butter, Knoblauch, geriebenen Parmesan und Oregano unterrühren.

FORTSETZUNG SEITE 98 ↘

4 Den Teig mit dem Nudelholz und etwas Mehl zu einem etwa 36 × 25 cm großen Rechteck ausrollen. Die Zwiebelcreme mit einem Spatel darauf verteilen und auf jeder Seite 1 cm Rand frei lassen. Den fein gewürfelten Speck darüberstreuen und leicht andrücken, damit er an der Zwiebelcreme haftet.

5 Den Teig von einer der Längskanten her einrollen. Die Nahtstelle mit einem leichten Druck gut von Hand versiegeln. Den Teig längs halbieren und die beiden Hälften mit der Schnittseite nach oben zu einem Zopf flechten.

6 Den Boden einer Springform mit Backpapier belegen, den Zopf hineingeben und ausgehend von der Mitte zu einer Schnecke rollen. Mit einem Tuch abdecken und 1 Stunde bei Zimmertemperatur gehen lassen.

7 Im vorgeheizten Backofen bei 180 Grad Ober- und Unterhitze (160 Grad Umluft) auf der untersten Schiene 1 Stunde backen.

8 Den Zopf aus dem Backofen nehmen und 10 Minuten in der Backform auskühlen lassen. Anschließend aus der Form nehmen und auf einem Kuchengitter vollständig auskühlen lassen.

AUFBEWAHRUNG: in der Tortenbox bei Zimmertemperatur 2 Tage lang haltbar, alternativ dazu ins Gefrierfach geben.

KASTENBROT „ALLA PIZZAIOLA"

Weich, aromatisch und schön rötlich: das Kastenbrot „alla pizzaiola"! Geschmack und Duft erinnern an frischgebackene Pizza. Das Brot eignet sich ideal für Sandwiches und Toast, aber auch für leckere Appetithäppchen.

1 Laib
Zubereitung 30 Minuten
Gärzeit 3 Stunden
Backzeit 40 Minuten
Kastenform mit Deckel 30 × 10 cm oder Kastenkuchen-Backform

Mehlkochstück
20 g Weizenmehl Rieper Type 1
100 ml Milch

Teig
380 g Weizenmehl Rieper Type 1
4 g Trockenhefe (oder 14 g Frischhefe)
20 g Zucker
160 ml Milch
1 Ei
3 EL Tomatenmark
½ TL Knoblauchpulver
150 g Parmesan, gerieben
1 EL getrockneter Oregano
1 EL frisches Basilikum, geschnitten
60 g Butter, weich
10 g Salz

1 Für das Mehlkochstück Mehl und Milch in einem kleinen Topf mit dem Schneebesen gut vermischen. Leicht zum Kochen bringen und einige Minuten unter häufigem Rühren mit einem Spatel kochen, bis ein dicker Brei entsteht. Vom Herd nehmen, das Mehlkochstück in eine Schüssel umfüllen und auskühlen lassen.

2 In der Schüssel der Küchenmaschine Mehl, Trockenhefe (oder in Milch gelöste Frischhefe) und Zucker mit einem Löffel vermischen. Milch, Ei, Tomatenmark und Knoblauch getrennt vermischen. Die Mischung in die Schüssel geben, das Mehlkochstück dazugeben und mit dem Knethaken 8 Minuten zu einem glatten Teig verarbeiten. Den geriebenen Parmesan, den getrockneten Oregano, das geschnittene frische Basilikum und die cremige Butter hinzufügen und vollständig einarbeiten. Salz dazugeben und 1 weitere Minute kneten.

3 Den Teig auf die leicht gefettete Arbeitsfläche stürzen, einige Male falten und zu einer Kugel formen. In eine leicht gefettete Schüssel geben, mit Klarsichtfolie oder einem Teller abdecken und bei Zimmertemperatur 1 Stunde lang gehen lassen.

4 Den Teig auf die leicht bemehlte Arbeitsfläche stürzen. Zu einem Oval ausziehen, die seitlichen Enden zur Mitte hin falten und den Teig von oben her zu einem Zylinder rollen. Den Teigschluss gut versiegeln und den Teig in eine gut gefettete Kastenform geben, den Deckel daraufsetzen und an einem warmen Ort 2 Stunden gehen lassen. Statt der Kastenform könnt ihr auch eine Kastenkuchen-Form derselben Größe verwenden.

5 Im vorgeheizten Backofen bei 200 Grad Ober- und Unterhitze (180 Grad Umluft) etwa 40 Minuten backen. Das Brot aus dem Backofen nehmen und 5 Minuten in der Backform auskühlen lassen. Anschließend aus der Form nehmen und auf einem Kuchengitter vollständig auskühlen lassen. Aufschneiden und nach Belieben belegen.

AUFBEWAHRUNG: in einer Papiertüte bis zu 3 Tage lang haltbar, alternativ dazu schneiden und ins Gefrierfach geben. Die tiefgefrorenen Brotschnitten lassen sich prima toasten.

Überbackene Gnocchi mit Speck und Mozzarella,
Rezept Seite 114

Vorspeisen

GRATINIERTE CRESPELLE MIT KÜRBIS UND GERÄUCHERTEM SCAMORZA

Ich liebe Kürbis in Tausend Varianten. In diesem Rezept gehört er zusammen mit geräuchertem Scamorza und Rosmarin zur Füllung für die leckeren Crespelle. Mit Béchamelsoße übergossen und im Backofen gratiniert bekommen die Crêpes eine zarte Kruste, die bei jedem Bissen herrlich knistert.

4 Portionen
Zubereitung 25 Minuten
Ruhezeit 15 Minuten
Backzeit 25 Minuten

Teig
120 g Weizenmehl Rieper doppelgriffig
1 Prise Salz
400 ml Milch
2 Eier

Zum Backen
4 EL Butter, zerlassen

Füllung
250 g Kürbis, in Würfel geschnitten
2 EL Natives Olivenöl Extra
½ TL getrockneter Rosmarin
1 Prise Salz
1 Prise schwarzer Pfeffer, gemahlen
250 g geräucherter Scamorza, gerieben

Béchamelsoße
500 ml Milch
1 Prise Muskatnuss, gerieben
1 Prise Salz
40 g Butter
40 g Weizenmehl Rieper doppelgriffig

Zum Gratinieren
einige Butterflocken
Parmesan, gerieben

1 Für den Teig Mehl und Salz in einer Schüssel mischen. Die Milch nach und nach dazugeben und mit einem Schneebesen verrühren, sodass eine glatte Masse ohne Klümpchen entsteht. Ein Ei nach dem anderen unterrühren, anschließend die Schüssel mit Klarsichtfolie oder einem Teller abdecken und bei Zimmertemperatur 15 Minuten ruhen lassen.

2 Eine beschichtete Pfanne auf mittlerer Stufe erhitzen, 1 Esslöffel zerlassene Butter hineingeben, eine Kelle Teig dazugeben und durch Schwenken der Pfanne oder mit einer Crêpe-Spachtel verteilen. Die Crêpe einige Sekunden lang backen, bis sie auf einer Seite goldbraun ist, wenden und fertig backen. Anschließend auf einen flachen Teller geben und mit einem sauberen Tuch abdecken. Den Vorgang wiederholen, bis der Teig fertig ist, und vor jeder Kelle Teig stets 1 Esslöffel Butter in die Pfanne geben.

3 Den geschnittenen Kürbis in einer erhitzten beschichtete Pfanne mit dem Olivenöl anbraten. Mit Rosmarin, Salz und Pfeffer würzen. Zudecken und unter gelegentlichem Rühren 10 Minuten garen.

FORTSETZUNG SEITE 107 ↘

4 In einer kleinen Pfanne Milch, Muskatnuss und Salz kurz aufkochen und beiseitestellen. Butter in einer Kasserolle schmelzen lassen, das gesamte Mehl dazugeben und mit dem Schneebesen verrühren. Die Mehlschwitze bei mittlerer Hitze unter ständigem Rühren für einige Minuten kochen.

5 Die Kasserolle vom Herd nehmen, einige Kellen warme Milch dazugeben und mit dem Schneebesen rasch zu einer glatten, kompakten Creme ohne Klümpchen verrühren. Unter ständigem Rühren wieder etwas Milch hinzufügen. Die übrige Milch mit dem Schneebesen einrühren und die Mischung bei mittlerer Hitze aufkochen. Die Béchamelsoße etwa 1 Minute bei geringer Hitze köcheln lassen und immer wieder umrühren, damit sie nicht anbrennt. Anschließend in eine Schüssel geben.

6 Etwas Kürbis und geriebenen Scamorza in die Mitte jeder Crespella geben und die Crespella zweimal auf die Hälfte falten.

7 Die Crespelle auf ein mit Backpapier ausgelegtes Backblech geben, mit der Béchamelsoße, einigen Kürbiswürfeln, Rosmarinzweigen, einigen Butterflocken und etwas geriebenem Parmesan bestreuen.

8 Im vorgeheizten Backofen bei 180 Grad Ober- und Unterhitze (160 Grad Umluft) etwa 10 Minuten backen, abschließend unter dem Grill 5 Minuten gratinieren.

9 Die Crespelle aus dem Backofen nehmen und heiß servieren.

PASTA-AUFLAUF MIT SCHINKEN UND ERBSEN

An das Essen im Kindergarten erinnere ich mich heute noch besonders gut: Köchin Rosmarie verwöhnte uns Tag für Tag mit ihren Köstlichkeiten, und der Pasta-Auflauf mit Schinken und Erbsen war mein absoluter Favorit. Eigentlich mochte ich Erbsen damals gar nicht und ließ sie beim Essen möglichst unauffällig in meiner Schürzentasche verschwinden, wo sie langsam vertrockneten. Heute esse ich Erbsen gern, und dieses Rezept ist gewissermaßen eine Ode an meine Kindheit.

6 Portionen
Zubereitung 30 Minuten
Backzeit 30 Minuten
Auflaufform 30 × 20 cm

Pasta
2 EL Natives Olivenöl Extra
½ Zwiebel, fein geschnitten
250 g Tiefkühlerbsen
2 EL Wasser
1 Prise Salz
1 Prise schwarzer Pfeffer, gemahlen
400 g Mezze Maniche
250 g Schinken, in Würfel geschnitten

Béchamelsoße
1 l Milch
1 Prise Muskatnuss, gerieben
1 Prise Salz
60 g Butter
60 g Weizenmehl Rieper doppelgriffig

Zum Garnieren
einige Butterflocken
2 EL Parmesan, gerieben

1 Olivenöl in einer beschichteten Pfanne erhitzen und die Zwiebel darin etwa 10 Minuten bei geringer Hitze anschwitzen. Erbsen und Wasser dazugeben, mit Salz und Pfeffer abschmecken und etwa 10 Minuten unter gelegentlichem Rühren kochen.

2 Mezze Maniche in kochendem Salzwasser garen. 3 Minuten vor Ablauf der angegebenen Garzeit abseihen, mit kaltem Wasser abschrecken, um den Garprozess zu unterbrechen und beiseitestellen.

3 In einer kleinen Pfanne Milch, Muskatnuss und Salz kurz aufkochen und beiseitestellen. Butter in einer Kasserolle schmelzen lassen, das gesamte Mehl dazugeben und mit dem Schneebesen verrühren. Die Mehlschwitze bei mittlerer Hitze unter ständigem Rühren für einige Minuten kochen.

FORTSETZUNG SEITE 110 ↘

4 Die Kasserolle vom Herd nehmen, einige Kellen warme Milch dazugeben und mit dem Schneebesen rasch zu einer glatten, kompakten Creme ohne Klümpchen verrühren. Unter ständigem Rühren wieder etwas Milch hinzufügen. Die übrige Milch mit dem Schneebesen einrühren und die Mischung bei mittlerer Hitze aufkochen. Die Béchamelsoße etwa 1 Minute bei geringer Hitze köcheln lassen und immer wieder umrühren, damit sie nicht anbrennt. Anschließend in eine Schüssel geben.

5 Béchamelsoße, Pasta, Erbsen und Schinken vermengen, in eine Auflaufform geben und mit Butterflocken und geriebenem Parmesan belegen.

6 Im vorgeheizten Backofen bei 180 Grad Ober- und Unterhitze (160 Grad Umluft) etwa 20 Minuten backen und abschließend unter dem Grill 10 Minuten gratinieren.

7 Den Auflauf aus dem Backofen nehmen, 5 Minuten auskühlen lassen und servieren.

STAUB

GRATINIERTE BUCHWEIZEN-GNOCCHI

Gnocchi alla romana mit rustikalem Touch: Buchweizenmehl wird in Südtirol häufig verwendet und verleiht in diesem Fall den gratinierten Gnocchi ihren besonderen Geschmack. Die geschmolzenen Käseraspel sind die unwiderstehliche Krönung dieses Gerichts.

4 Portionen
Zubereitung 20 Minuten
Ruhezeit 2 Stunden
Backzeit 20 Minuten
Teigausstecher 5 cm
Ofenform 30 × 40 cm

Gnocchi
400 ml Gemüsebrühe
500 ml Milch
250 g Buchweizenmehl Rieper fein
50 g Butter, in Würfel geschnitten
120 g Parmesan, gerieben
2 Eigelb
1 Prise Salz
1 Prise schwarzer Pfeffer, gemahlen
1 Prise Muskatnuss, gerieben

Zum Gratinieren
150 g geriebener Schmelzkäse, z. B. Fontina
30 g Butter, in Würfel geschnitten

1 In einem Topf Gemüsebrühe und Milch zum Kochen bringen und das Buchweizenmehl einstreuen. Dabei mit einem Schneebesen rühren, damit keine Klumpen entstehen. Mit einem Holzlöffel weiterrühren und 3 Minuten kochen lassen. Vom Herd nehmen, die in Würfel geschnittene Butter und den geriebenen Parmesan einrühren. Etwas auskühlen lassen, Eigelb einrühren und mit Salz, Pfeffer und Muskatnuss würzen.

2 Die Buchweizenmasse in eine mit Backpapier ausgelegte und leicht eingefettete Ofenform geben und 1,5 cm dick ausstreichen. Mit Klarsichtfolie abdecken und im Kühlschrank 2 Stunden (oder über Nacht) kaltstellen.

3 Mit dem Teigausstecher die Gnocchi ausstechen und leicht überlappend in eine gebutterte Auflaufform legen. Die Gnocchi mit dem geriebenen Käse und der in Würfel geschnittenen Butter bestreuen.

4 Im vorgeheizten Backofen bei 180 Grad Ober- und Unterhitze (160 Grad Umluft) etwa 15 Minuten backen, abschließend unter dem Grill 5 Minuten gratinieren.

5 Die Gnocchi aus dem Backofen nehmen, einige Minuten auskühlen lassen und servieren.

ÜBERBACKENE GNOCCHI MIT SPECK UND MOZZARELLA

Wenn ihr noch nie überbackene Kartoffelnocken probiert habt, ist dies die perfekte Gelegenheit! Mit gebrauchsfertigen Gnocchi ist dieses leckere Gericht im Nu zubereitet: Die Nocken sind innen herrlich weich, bekommen außen eine schöne Kruste und schmecken in Kombination mit dem geschmolzenen Mozzarella sagenhaft.

4 Portionen
Zubereitung 10 Minuten
Backzeit 50 Minuten
Auflaufform 30 × 25 cm

Soße
1 EL Natives Olivenöl Extra
½ Zwiebel, fein geschnitten
1 Knoblauchzehe
120 g Südtiroler Speck, in Würfel geschnitten
1 Dose Tomaten (400 g)
1 TL Zucker
1 Prise Salz
1 Prise schwarzer Pfeffer, gemahlen

Weiteres
500 g frische Kartoffelnocken
5 Basilikumblätter
100 g frischer Mozzarella, in Würfel geschnitten

1 Das Olivenöl in einer beschichteten Pfanne bei mittlerer Hitze erwärmen. Zwiebel und Knoblauch 10 Minuten weich dünsten. Speck hinzufügen und 5 Minuten braten. Tomaten und Zucker hinzufügen und mit Salz und Pfeffer würzen.

2 Die Soße 30 Minuten bei geringer Hitze unter gelegentlichem Rühren kochen.

3 Knoblauch aus der Soße nehmen, Herd ausschalten, die frischen Kartoffelnocken und das Basilikum hinzufügen und in eine Auflaufform geben.

4 Mit dem geschnittenen Mozzarella bestreuen und unter dem vorgeheizten Grill 10 Minuten gratinieren, bis der Mozzarella geschmolzen ist.

5 Die Kartoffelnocken aus dem Backofen nehmen und vor dem Servieren einige Minuten auskühlen lassen.

GEFÜLLTE CONCHIGLIONI

Gefüllte Pasta kommt in vielen italienischen Familien auf den Sonntagstisch. Meine Conchiglioni mit Ricotta-Spinat-Füllung auf Tomatensoße sind eine Hommage an eines der besten italienischen Nudelgerichte überhaupt.

4 Portionen
Zubereitung 40 Minuten
Backzeit 35 Minuten
Auflaufform 30 × 25 cm

Soße
1 EL Natives Olivenöl Extra
1 Knoblauchzehe
400 g Tomaten aus der Dose
1 Prise Salz
1 Prise Chilipulver

Pasta
200 g Conchiglioni
2 EL Natives Olivenöl Extra
200 g gehackter Spinat, gekocht
1 Prise Salz
1 Prise schwarzer Pfeffer, gemahlen
240 g frischer Ricotta
½ Bio-Zitronenschale, fein gerieben

Zum Garnieren
2 EL Brotbrösel
2 EL Parmesan, gerieben

1 Das Olivenöl in einer beschichteten Pfanne bei mittlerer Hitze erwärmen. Knoblauch hinzugeben und einige Minuten braten. Tomaten dazugeben, mit Salz und Chilipulver würzen. Die Soße 30 Minuten bei geringer Hitze köcheln lassen und gelegentlich umrühren. Knoblauch herausnehmen.

2 In einem Topf ausreichend gesalzenes Wasser zum Kochen bringen und die Conchiglioni garen. 3 Minuten vor Ablauf der angegebenen Garzeit abseihen, mit kaltem Wasser abschrecken, um den Garprozess zu unterbrechen und beiseitestellen.

3 In einer Pfanne das Olivenöl erhitzen, den gehackten Spinat 10 Minuten unter gelegentlichem Rühren anbraten und mit Salz und Pfeffer würzen.

4 Spinat in eine Schüssel geben, Ricotta und geriebene Zitronenschale untermischen.

5 Soße am Boden einer Auflaufform verteilen. Die Conchiglioni mit der Spinatcreme füllen (gegebenenfalls mit Hilfe eines Spritzbeutels), in die Auflaufform mit der Soße legen und mit Brotbröseln und geriebenem Parmesan bestreuen.

6 Im vorgeheizten Backofen bei 200 Grad Ober- und Unterhitze (180 Grad Umluft) etwa 30 Minuten backen, abschließend unter dem Grill 5 Minuten gratinieren.

7 Die Conchiglioni aus dem Backofen nehmen und vor dem Servieren 5 Minuten ruhen lassen.

IVY
Soap

LASAGNE MIT WURSTRAGOUT

Diese Lasagne ist eine Wucht! Ich habe sie einmal für ein Abendessen mit meinen Freunden Devis und Nicola zubereitet: Schon am Nachmittag köchelte das Ragout ganz ohne Tomaten, nur mit Wurst und viel Gemüse auf dem Herd. Ich erinnere mich bestens daran, weil mir damals zum ersten Mal eine richtig gute Lasagne mit richtig vielen Schichten gelang, wie ich sie schon immer mal machen wollte. Hier also das Rezept – einfach ausprobieren und genießen!

6 Portionen
Zubereitung 30 Minuten
Backzeit 2 Stunden
Auflaufform 20 × 26 cm

Ragout
4 EL Natives Olivenöl Extra
1 Zwiebel, fein geschnitten
2 Karotten, in Würfel geschnitten
4 St. Stangensellerie, gehackt
370 g grobe Schweinewurst (Luganega oder Mantovana)
200 ml Rotwein
500 ml Fleischbrühe
1 TL getrockneter Rosmarin
1 Prise Salz

Béchamelsoße
1 l Milch
1 Prise Muskatnuss, gerieben
1 Prise Salz
80 g Butter
80 g Weizenmehl Rieper doppelgriffig

Weiteres
1 EL Butter
12 frische Eiernudelblätter
100 g Parmesan, gerieben
einige Butterflocken

1 In einem großen Topf das Olivenöl erhitzen und Zwiebel, Karotten und Sellerie 15 Minuten bei geschlossenem Deckel und geringer Hitze unter gelegentlichem Rühren andünsten.

2 Die Wursthaut abziehen, die Würste von Hand zerkleinern und in den Topf geben. Bei starker Hitze etwa 7 Minuten gut durchbraten.

3 Mit Rotwein ablöschen, den Alkohol verdampfen lassen, die Brühe hinzufügen und mit Rosmarin und Salz würzen. Das Ragout zugedeckt bei geringer Hitze mindestens 1 Stunde kochen (im Idealfall 2 Stunden).

4 In einer kleinen Pfanne Milch, Muskatnuss und Salz kurz aufkochen und beiseitestellen. Butter in einer Kasserolle schmelzen lassen, das gesamte Mehl dazugeben und mit dem Schneebesen verrühren. Die Mehlschwitze bei mittlerer Hitze unter ständigem Rühren für einige Minuten kochen.

FORTSETZUNG SEITE 120 ↘

5 Die Kasserolle vom Herd nehmen, einige Kellen warme Milch dazugeben und mit dem Schneebesen rasch zu einer glatten, kompakten Creme ohne Klümpchen verrühren. Unter ständigem Rühren wieder etwas Milch hinzufügen. Die übrige Milch mit dem Schneebesen einrühren und die Mischung bei mittlerer Hitze aufkochen. Die Béchamelsoße etwa 1 Minute bei geringer Hitze köcheln lassen und immer wieder umrühren, damit sie nicht anbrennt. Anschließend in eine Schüssel geben.

6 Eine Auflaufform einfetten. Ein Eiernudelblatt auf dem Boden auslegen, eine Kelle Béchamelsoße und 3–4 gehäufte EL Ragout darauf verteilen, mit etwas geriebenem Parmesan bestreuen, mit einem Nudelblatt bedecken und den Vorgang wiederholen, bis alle Zutaten aufgebraucht sind. Die oberste Schicht mit geriebenem Parmesan und einigen Butterflocken garnieren.

7 Im vorgeheizten Backofen bei 200 Grad Ober- und Unterhitze (180 Grad Umluft) etwa 35 Minuten backen.

8 Die Lasagne aus dem Backofen nehmen, 10 Minuten ruhen lassen und anschließend schneiden und servieren.

MAC & CHEESE

Gibt es etwas Cremigeres und Köstlicheres als Mac & Cheese? Ein Gericht aus überbackener Pasta mit viel Béchamelsoße, Cheddar, der herrlich Fäden zieht, und etwas Senf. Cheddar stammt ursprünglich aus Großbritannien und ist an seiner meist kräftig gelben, fast orangen Farbe leicht zu erkennen. Man bekommt ihn mittlerweile auch bei uns problemlos, aber dieses Rezept gelingt mit anderen Schmelzkäsesorten, wie etwa Fontina, ebenfalls ausgezeichnet!

4 Portionen
Zubereitung 45 Minuten
Backzeit 25 Minuten
Auflaufform 30 × 25 cm

Béchamelsoße
1 l Milch
1 Prise Muskatnuss, gerieben
1 Prise Salz
60 g Butter
60 g Weizenmehl Rieper doppelgriffig
2 TL Senf
300 g Cheddar, gerieben (oder Fontina)

Weiteres
400 g kurze Pasta (z. B. Cavatappi oder Sedanini)
100 g Cheddar, gerieben (oder Fontina)

1 In einer kleinen Pfanne Milch, Muskatnuss und Salz kurz aufkochen und beiseitestellen. Butter in einer Kasserolle schmelzen lassen, das gesamte Mehl dazugeben und mit dem Schneebesen verrühren. Die Mehlschwitze bei mittlerer Hitze unter ständigem Rühren für einige Minuten kochen.

2 Die Kasserolle vom Herd nehmen, einige Kellen warme Milch dazugeben und mit dem Schneebesen rasch zu einer glatten, kompakten Creme ohne Klümpchen verrühren. Unter ständigem Rühren wieder etwas Milch hinzufügen. Die übrige Milch mit dem Schneebesen einrühren und die Mischung bei mittlerer Hitze aufkochen. Die Béchamelsoße etwa 1 Minute bei geringer Hitze köcheln lassen und immer wieder umrühren, damit sie nicht anbrennt. Anschließend in eine Schüssel geben.

3 Mit dem Schneebesen Senf und geriebenen Cheddar in die Béchamelsoße einarbeiten.

4 In einem Topf ausreichend gesalzenes Wasser zum Kochen bringen und die Nudeln garen. 3 Minuten vor Ablauf der angegebenen Garzeit abseihen und zur Béchamelsoße geben.

5 Alles in eine Auflaufform geben und mit geriebenem Cheddar bestreuen.

6 Im vorgeheizten Backofen bei 200 Grad Ober- und Unterhitze (180 Grad Umluft) etwa 25 Minuten backen, oder bis sich eine Kruste auf der Oberfläche gebildet hat.

7 Die Mac & Cheese aus dem Backofen nehmen und vor dem Servieren 5 Minuten ruhen lassen.

CAYADA

„Falsche" Tomaten-Tarte-Tatin,
Rezept Seite 138

Einzel-
gerichte

THYMIAN-POLENTA-QUICHE MIT LAUCH UND SPECK

Quiche ist meines Erachtens die herzhafte Tarte schlechthin. Der Mürbteig – in diesem Fall mit Maismehl und Thymian – umschließt eine leckere Füllung aus Lauch und Speck. Wusstet ihr, dass die Mischung aus Sahne und Ei im Französischen „Appareil“ heißt? Sie ist die Basis der Füllung, die jede Quiche zu etwas Besonderem macht und ihr eine herrlich samtige Konsistenz verleiht.

1 Quiche
Zubereitung 20 Minuten
Backzeit 50 Minuten
Tarteform 24 cm Ø

Mürbteig
180 g Weizenmehl Rieper Type 00 blau
60 g fein gemahlenes Maismehl (Fioretto)
120 g kalte Butter, in Würfel geschnitten
½ TL getrockneter Thymian
1 Prise Salz
1 Ei

Zum Blindbacken
2 Handvoll getrocknete Bohnen (ansonsten: Kichererbsen, Reis oder Keramikkugeln)

Füllung
2 EL Natives Olivenöl Extra
2 Lauch, fein geschnitten
1 Prise Salz
1 Prise schwarzer Pfeffer, gemahlen
4 Eier
200 ml Kochsahne
100 g Parmesan, gerieben
120 g Südtiroler Speck, in Streifen geschnitten

1 Weizenmehl, Maismehl, Butter, Thymian und Salz in eine Küchenmaschine mit Klingeneinsatz geben und zu einer groben Masse verarbeiten. Das Ei hinzufügen und die Küchenmaschine etwa 1 Minute laufen lassen.

2 Den Teig auf die Arbeitsfläche stürzen und mit den Händen verdichten. Mit dem Nudelholz und etwas Mehl zu einer etwa 4 mm dicken, runden Scheibe ausrollen. Um das Nudelholz wickeln und in eine gefettete Tarteform mit Hebeboden legen.

3 Den Teig an die Form drücken und den Rand mit einem kleinen Messer bündig abschneiden. Ein Blatt Backpapier zerknüllen, auf dem Teig ausbreiten und mit den Bohnen belegen.

4 Im vorgeheizten Backofen bei 190 Grad Ober- und Unterhitze (170 Grad Umluft) etwa 15 Minuten backen. Backpapier und Bohnen entfernen und weitere 5 Minuten backen. Mürbteigboden aus dem Backofen nehmen und 15 Minuten in der Form auskühlen lassen.

5 In der Zwischenzeit das Olivenöl in einer Pfanne erhitzen, Lauch dazugeben, mit Salz und Pfeffer würzen und 10 Minuten bei mittlerer Hitze weich dünsten.

6 In einer Schüssel Eier und Kochsahne verquirlen, geriebenen Parmesan, Lauch und Speckstreifen einarbeiten.

7 Die Masse in den Mürbteigboden füllen und im vorgeheizten Backofen bei 190 Grad Ober- und Unterhitze (170 Grad Umluft) etwa 30 Minuten backen.

8 Die Quiche aus dem Backofen nehmen und 5 Minuten auskühlen lassen. Anschließend aus der Form nehmen, schneiden und servieren.

TOAD IN THE HOLE AUS BUCHWEIZEN

Keine Fabel von einer Kröte im Loch, sondern eine traditionelle englische Spezialität! Das Gericht ist seit dem 18. Jahrhundert bekannt und besteht aus Würsten, die in einem Teigmantel überbacken werden: Tatsächlich sehen sie ein bisschen aus wie Kröten, die in ihrem Loch auf Beute lauern. Hier wollte ich dem Eierteig mit Buchweizenmehl ein etwas deftigeres Aroma verleihen und serviere das Ganze mit einer erfrischenden Soße aus Sauerrahm und Schnittlauch.

4 Portionen
Zubereitung 15 Minuten
Backzeit 40 Minuten
Auflaufform 35 × 25 cm

Toad in the Hole
8 kleine Würste (z. B. Salamelle Mantovane)
3 EL Sonnenblumenöl
2 Rosmarinzweige

Eierteig
80 g Weizenmehl Rieper Type 00 blau
70 g Buchweizenmehl Rieper grob
1 Prise Salz
300 ml Milch
3 Eier
2 TL Dijon-Senf

Soße
200 ml Sauerrahm
2 EL frischer Schnittlauch, geschnitten

1 Die Würste in eine Auflaufform legen, mit Sonnenblumenöl beträufeln und die Rosmarinzweige dazugeben.

2 Im vorgeheizten Backofen bei 220 Grad Ober- und Unterhitze 15 Minuten backen.

3 Mehl und Salz in einer Schüssel vermischen. Die Milch nach und nach dazugeben und mit dem Schneebesen zu einem Teig ohne Klumpen verrühren. Nacheinander die Eier und zum Schluss den Senf unterrühren.

4 Ohne die Auflaufform ganz aus dem Ofen zu nehmen: Rosmarinzweige entfernen, Teig in die Form gießen (z. B. mit einem Krug oder sonstigen Gefäß mit Schnabel).

5 25–30 Minuten backen, ohne die Ofentür zu öffnen.

6 In der Zwischenzeit Sauerrahm und Schnittlauch mischen.

7 Toad in the Hole aus dem Backofen nehmen, schneiden und mit der Sauerrahmsoße servieren.

SPECK-FLEISCHBÄLLCHEN MIT KARTOFFELN, KIRSCHTOMATEN UND FETA

Ein perfektes Einzelgericht für ein Abendessen mit Freunden. Die Fleischbällchen mit faschiertem Schweinefleisch und Speck sind ein aromatisches Highlight und werden ganz einfach zusammen mit der Beilage gebacken – ein schnelles Rezept, mit dem ihr Zeit und Abwasch spart und eure Gäste beeindrucken könnt!

4 Portionen
Zubereitung 20 Minuten
Backzeit 65 Minuten
Ofenform 35 × 25 cm

Beilage
500 g Frühkartoffeln
350 g Datteltomaten
2 EL Natives Olivenöl Extra
1 EL getrockneter Oregano
1 Prise Salz
1 Prise schwarzer Pfeffer, gemahlen
200 g Feta

Fleischbällchen
400 g faschiertes Schweinefleisch
200 g Südtiroler Speck, in feine Würfel geschnitten
70 g Brotbrösel
1 Prise Knoblauchpulver
2 TL getrockneter Oregano
1 TL geräuchertes Paprikapulver
1 Prise Salz
1 Ei

Zum Garnieren
1 Handvoll Petersilie, geschnitten

1 Frühkartoffeln mit Schale gründlich säubern, vierteln und in eine Schüssel geben. Datteltomaten halbieren und zu den Kartoffeln geben. Mit Olivenöl, Oregano, Salz und Pfeffer würzen, vermischen und in eine Ofenform geben.

2 Im vorgeheizten Backofen bei 200 Grad Ober- und Unterhitze (180 Grad Umluft) etwa 30 Minuten backen.

3 In der Zwischenzeit für die Fleischbällchen Fleisch, Speck, Brotbrösel, Knoblauch, Oregano, Paprika, Salz und Ei in einer Schüssel zu einer glatten Masse vermengen.

4 Kleine Portionen abnehmen und 20 etwa tischtennisballgroße Bällchen formen. Die Bällchen zusammen mit den Kartoffeln und Tomaten in die Ofenform geben und weitere 20 Minuten garen lassen.

5 Feta in die Ofenform bröseln und alles weitere 15 Minuten garen.

6 Die Fleischbällchen aus dem Backofen nehmen, mit ein wenig Petersilie garnieren und servieren.

COTTAGE PIE MIT SCHWEINSRAGOUT UND KARTOFFELN

Cottage Pie habe ich in meiner Zeit in London kennengelernt. Dabei handelt es sich um einen köstlichen gratinierten Auflauf aus leckerem Fleischragout und einer Schicht weichem Kartoffelpüree. Traditionell wird Cottage Pie mit Rind- oder Lammfleisch zubereitet – für meine Variante nehme ich zartes Schweinefleisch. Für die vegetarische Version ersetzt man einfach das Fleisch durch eingeweichte Linsen und verwendet Gemüsebrühe.

4 Portionen
Zubereitung 85 Minuten
Backzeit 30–35 Minuten
Auflaufform 35 × 25 cm

Ragout
3 EL Natives Olivenöl Extra
2 Zwiebeln, geschnitten
2 Karotten, in Würfel geschnitten
4 St. Stangensellerie, gehackt
700 g faschiertes Schweinefleisch
1 TL Fenchelsamen
1 Prise gemahlener Chili
½ TL Zimtpulver
1 Msp. Muskatnuss, gerieben
200 ml Weißwein
2 EL Worcestershiresoße
2 Lorbeerblätter
150 g Tomaten aus der Dose
600 ml Fleischbrühe
Salz

Kartoffelpüree
1,6 kg mehlige Kartoffeln, geschält und in Würfel geschnitten
100 ml warme Milch
50 g Butter
150 g Parmesan, gerieben
1 EL Dijon-Senf

Zum Bestreuen
50 g Parmesan, gerieben

1 In einem großen Topf das Olivenöl erhitzen und Zwiebel, Karotten und Sellerie hinzufügen. Deckel daraufsetzen und bei geringer Hitze 15 Minuten braten, dabei gelegentlich umrühren.

2 Fleisch, Fenchelsamen, gemahlenen Chili, Zimt und Muskatnuss hinzufügen. Bei mittlerer Hitze 10 Minuten anbraten und häufig umrühren. Mit Weißwein ablöschen und etwa 2 Minuten verdampfen lassen.

3 Worcestershiresoße, Lorbeerblätter, Tomaten und Fleischbrühe hinzufügen. Bei geringer Hitze 45 Minuten ohne Deckel kochen und gelegentlich umrühren. Sobald das Fleisch gar ist, die Lorbeerblätter entfernen und mit Salz würzen.

4 In der Zwischenzeit in einem Topf mit kaltem Wasser die geschnittenen Kartoffeln zum Kochen bringen, salzen und etwa 12 Minuten kochen. Mit einer Gabel testen, ob sie weich sind.

FORTSETZUNG SEITE 135 ↘

5 Kartoffeln abgießen und 5 Minuten abtropfen lassen. In einer Schüssel mit einem Kartoffelstampfer zerdrücken, warme Milch, geschnittene Butter, geriebenen Parmesan und Dijon-Senf hinzufügen und alles mit einem Schneebesen gut vermischen.

6 Das Ragout auf dem Boden einer Auflaufform (oder in mehreren Formen für Einzelportionen) verteilen. Das Kartoffelpüree mit einem Spritzbeutel mit Sternmündung oder zwei Löffeln gleichmäßig auf dem Fleisch verteilen. Mit geriebenem Parmesan bestreuen.

7 Im vorgeheizten Backofen bei 200 Grad Ober- und Unterhitze (180 Grad Umluft) etwa 30–35 Minuten backen, bis die Oberfläche gut gratiniert ist.

8 Cottage Pie aus dem Backofen nehmen und vor dem Servieren 5–10 Minuten auskühlen lassen.

HÄHNCHEN-HACKBRATEN

Dieses Rezept eignet sich perfekt zur Resteverwertung: Beim ersten Mal habe ich einfach verwendet, was im Kühlschrank zu finden war. Der leckere leichte Hackbraten ist in vielerlei Hinsicht ein echter Genuss: Er lässt sich schnell und einfach zubereiten und stillt auch großen Hunger. In Scheiben geschnitten kann man ihn zudem einfach im Gefrierfach aufbewahren und bei Bedarf wärmen.

8 Portionen
Zubereitung 10 Minuten
Ruhezeit 1 Stunde
Backzeit 60 Minuten
Auflaufform 35 × 25 cm

Braten
800 g Hühnerbrust, gehackt (oder Hühnerfaschiertes)
200 g Mortadella, in Würfel geschnitten
80 g Frischkäse
1 Ei
80 g Brotbrösel
80 g Parmesan, gerieben
1 Prise Salz
1 Prise schwarzer Pfeffer, gemahlen
2 EL Petersilie, geschnitten

Zum Backen
2 EL Natives Olivenöl Extra

1 Hühnerbrust und Mortadella in einer Küchenmaschine mit Klingeneinsatz fein hacken.

2 Die Masse in eine Schüssel umfüllen. Frischkäse, Ei, Brotbrösel und geriebenen Parmesan hinzufügen und mit Salz, Pfeffer und geschnittener Petersilie würzen.

3 Ein Blatt Backpapier einfetten (damit die Hackmasse nicht daran kleben bleibt), die Masse einwickeln und zu einem etwa 30 cm langen, leicht abgeflachten Hackbraten formen. Das Backpapier rundum gut verschließen und den Hackbraten 1 Stunde im Kühlschrank (oder 30 Minuten im Gefrierfach) ruhen lassen.

4 Olivenöl in einer beschichteten Pfanne erhitzen und den Hackbraten von allen Seiten gut anbraten, dabei mit Spateln wenden. Sobald er auf allen vier Seiten goldbraun ist, den Braten in eine Auflaufform geben, mit Alufolie abdecken und im vorgeheizten Backofen bei 200 Grad Ober- und Unterhitze (180 Grad Umluft) etwa 60 Minuten backen.

5 Den Hackbraten aus dem Backofen nehmen, 5 Minuten auskühlen lassen, in Scheiben schneiden und servieren.

„FALSCHE" TOMATEN-TARTE-TATIN

Die traditionelle Tarte Tatin ist an und für sich ein Apfelkuchen – mit einer Besonderheit: Sie wird „kopfüber" gebacken. Dazu gibt man zuerst das Obst und zum Schluss den Blätterteig in die Backform. Da sich neuerdings auch herzhafte Varianten großer Beliebtheit erfreuen, möchte ich hier meine Version mit saftigen gebratenen Cocktailtomaten präsentieren. Legt man allerdings die Tomaten als erste Schicht aus, werden sie wässrig. Ich habe die Abfolge also kurzerhand umgedreht, und das Ergebnis ist fantastisch!

1 Tarte Tatin
Zubereitung 15 Minuten
Backzeit 45 Minuten
Tarteform 24 cm Ø

Tarte Tatin
500 g Cocktailtomaten (rote und gelbe Kirsch- und Datteltomaten)
2 EL Natives Olivenöl Extra
1 EL Rohrzucker
1 EL Rotweinessig
1 TL getrockneter Oregano
1 Pkg. runder Blätterteig
2 EL Parmesan, gerieben
2 Thymianzweige

1 Tomaten halbieren, entkernen und abtropfen lassen. Auf einem mit Backpapier ausgelegten Blech mit der Schnittfläche nach oben auslegen, mit Olivenöl und Rotweinessig beträufeln und mit Rohrzucker und Oregano bestreuen.

2 Im vorgeheizten Backofen bei 210 Grad Ober- und Unterhitze (190 Grad Umluft) etwa 20 Minuten backen.

3 Blätterteig in eine mit Backpapier ausgelegte Tarteform geben und mit geriebenem Parmesan bestreuen. Tomaten mit der Schnittfläche nach unten dicht nebeneinander auf dem Blätterteig verteilen und Thymianzweige darauflegen.

4 Im vorgeheizten Backofen bei 210 Grad Ober- und Unterhitze (190 Grad Umluft) etwa 25 Minuten backen.

5 Die Tarte Tatin aus dem Backofen nehmen und 5 Minuten auskühlen lassen. Thymianzweige entfernen, die Tarte aus der Form heben und servieren.

Erdbeer-Mandel-Joghurt-Kuchen,
Rezept Seite 154

Kuchen & Torten

KAFFEE-JOGHURT-KASTENKUCHEN

Auch der Kastenkuchen ist typisch britisch: Er wurde ursprünglich aus Trockenfrüchten wie Johannisbeeren, Sultaninen und Pflaumen hergestellt und ist daher seit Mitte des 17. Jahrhunderts im Englischen als „Plumcake“ bekannt. Heute gibt es davon unzählige Varianten, so etwa auch diese herrlich weiche mit Kaffee und Joghurt. Perfekt fürs Frühstück oder als Snack am Nachmittag.

1 Kastenkuchen
Zubereitung 10 Minuten
Backzeit 75 Minuten
Kastenkuchen-Form 8 × 21 cm

Teig
2 EL Instantkaffee
100 g weißes Naturjoghurt
4 Eier auf Zimmertemperatur
250 g Weizenmehl Type 00 gelb
50 g Maisstärke
3 TL Backpulver (gehäuft)
200 g Butter auf Zimmertemperatur
180 g Zucker
1 Prise Salz

Zum Garnieren
1 EL Butter, zerlassen
1 EL Staubzucker

1 Instantkaffee im Joghurt auflösen und mit einem Teelöffel verrühren.

2 In einer Küchenmaschine mit Klingeneinsatz Joghurt mit Kaffee, Eier, Mehl, Maisstärke, Backpulver, cremige Butter, Zucker und Salz vermischen. 3 Minuten mixen, bis eine homogene Masse entsteht.

3 Den Teig in eine mit Backpapier ausgelegte Kastenkuchen-Form füllen (siehe Seite 16).

4 Eine Teigkarte großzügig mit zerlassener Butter bestreichen, senkrecht in die Mitte des Teigs stecken, bis sie den Boden berührt, und abziehen (so erhalten wir die klassische Furche im Kastenkuchen).

5 Im vorgeheizten Backofen bei 180 Grad Ober- und Unterhitze (160 Grad Umluft) auf der untersten Schiene 15 Minuten backen. Die Temperatur auf 160 Grad (140 Grad Umluft) absenken und 1 Stunde lang fertig backen.

6 Den Kastenkuchen aus dem Backofen nehmen, 10 Minuten in der Backform auskühlen lassen. Anschließend aus der Form nehmen und auf einem Kuchengitter vollständig auskühlen lassen.

7 Den Kastenkuchen mit etwas Staubzucker bestauben und in Scheiben schneiden.

AUFBEWAHRUNG: in der Tortenbox bei Zimmertemperatur 4 Tage lang haltbar.

BIRNENSTRUDEL MIT WALNUSS UND SCHOKOLADE

Eine kreative Abwandlung des typischen Südtiroler Apfelstrudels: Mürbteig, Birne, Walnuss und Schokolade sorgen zusammen für ein herrlich süßes Geschmackserlebnis.

1 Strudel
Zubereitung 20 Minuten
Ruhezeit 1 Stunde
Backzeit 35 Minuten

Mürbteig
250 g Weizenmehl Rieper Type 00 blau
125 g kalte Butter, in Würfel geschnitten
125 g Staubzucker
½ Bio-Zitronenschale, fein gerieben
Mark aus 1 Vanilleschote
1 Ei auf Zimmertemperatur
1 TL Backpulver
1 Prise Salz

Füllung
4 Williams-Birnen
50 g Zucker
50 g Schokoladentropfen, zartbitter
30 g Walnüsse, geschält
1 EL Rum
1 EL Vanilleextrakt
3 TL Zimtpulver
1 Bio-Zitronenschale, fein gerieben
1 EL Butter
50 g Brotbrösel

Zum Garnieren
1 Ei, verquirlt
1 EL Staubzucker

1 Mehl und Butter in einer Küchenmaschine mit Klingeneinsatz zu einer groben Masse verarbeiten. Staubzucker, geriebene Zitronenschale, Vanillemark, Ei, Backpulver und Salz hinzugeben und etwa 1 Minute lang kneten.

2 Den Teig auf die Arbeitsfläche stürzen und kurz von Hand kneten, anschließend zu einem flachen Ziegel formen, in Klarsichtfolie wickeln und mindestens 1 Stunde im Kühlschrank ruhen lassen.

3 In der Zwischenzeit die Birnen schälen und entkernen. In dünne Scheiben schneiden, mit Zucker, Schokoladentropfen, Walnüssen, Rum, Vanilleextrakt, Zimt und geriebener Zitronenschale in eine Schüssel geben und alles gut vermischen.

4 In einer beschichteten Pfanne die Butter zerlassen und die Brotbrösel goldbraun rösten. Die Birnenfüllung abtropfen lassen und die gerösteten Brotbrösel hinzufügen.

5 Den Mürbteig aus dem Kühlschrank nehmen und auf der Arbeitsfläche mit dem Nudelholz auf einem leicht bemehlten Blatt Backpapier zu einem 3 mm dicken Rechteck ausrollen.

6 Die Füllung in die Mitte geben und den Mürbteig mit Hilfe des Backpapiers zur Mitte hin falten, dabei entlang der Nahtstelle etwas andrücken, um den Strudel gleichmäßig zu verschließen. Den Strudel mit der Nahtstelle nach unten auslegen und die Enden versiegeln. Mit verquirltem Ei bepinseln.

7 Im vorgeheizten Backofen bei 180 Grad Ober- und Unterhitze (160 Grad Umluft) etwa 35 Minuten backen. Den Strudel aus dem Ofen nehmen, auskühlen lassen und mit Staubzucker bestäubt servieren.

AUFBEWAHRUNG: in der Tortenbox bei Zimmertemperatur bis zu 3 Tage oder im Kühlschrank bis zu einer Woche lang haltbar.

SCHWARZWÄLDER KIRSCHTORTE

Ein Triumph aus Sahne, Schokolade und Sauerkirsche: Die Schwarzwälder Kirschtorte. Benannt ist sie selbstverständlich nach dem Schwarzwald, wo einst frisch vermählte Paare Kirschbäume pflanzten. Drei Schichten Kakaobiskuit, Schlagsahne und Sauerkirschkompott – einfach unwiderstehlich!

1 Torte
Zubereitung 40 Minuten
Backzeit 40 Minuten
Springform 24 cm Ø

Biskuitteig
8 Eier auf Zimmertemperatur
200 g Zucker
150 g Tortenmehl Rieper (oder Weizenmehl Type 00 gelb)
50 g Maisstärke
50 g Backkakao
1 Prise Salz
30 g Butter, zerlassen
1 EL Vanilleextrakt

Tränke
60 ml Wasser
25 g Zucker
5 EL Sauerkirschsirup
2 EL Kirschwasser (oder Maraschino)

Füllung
800 ml frische Schlagsahne
4 EL Staubzucker
1 EL Vanilleextrakt
1 Glas Sauerkirschkompott (400 g)
30 g Bitterschokolade

1 Eiweiß vom Eigelb trennen und Eigelb mit 100 g Zucker aufschlagen. Das Eiweiß mit dem übrigen Zucker zu steifem Schnee schlagen.

2 Getrennt davon Mehl und Speisestärke, Backkakao und Salz mischen und sieben. Den steif geschlagenen Eischnee und die Mehlmischung in zwei Schritten unter das geschlagene Eigelb heben, dabei mit einem Spatel vorsichtig von unten nach oben rühren. Eine kleine Menge der Mischung mit der zerlassenen Butter und dem Vanilleextrakt vermischen. Diese Mischung in den Teig einarbeiten.

3 Den Boden einer Springform mit Backpapier belegen und den Ring befetteten. Teig in die Springform geben.

4 Im vorgeheizten Backofen bei 180 Grad Ober- und Unterhitze (160 Grad Umluft) etwa 40 Minuten backen. Den Kuchen aus dem Ofen nehmen und vollständig auskühlen lassen.

5 Zum Befeuchten Sirup, Wasser und Zucker in einem Topf zum Kochen bringen. Auskühlen lassen und Sauerkirschsirup und Kirschwasser hinzufügen.

6 In einer Schüssel Sahne, Staubzucker und Vanilleextrakt mit dem Handrührer aufschlagen.

7 Den Kuchen in drei Schichten schneiden. Den ersten Boden mit der Tränke benetzen, ein Drittel der Schlagsahne darauf verteilen und mit einigen Sauerkirschen belegen. Mit dem zweiten Biskuitboden bedecken und den Vorgang wiederholen. Den letzten Biskuitboden auflegen, befeuchten und mit der Sahne bestreichen. Etwas Sahne für die Dekoration zurückbehalten.

8 Die übrige Sahne in einen Spritzbeutel mit Sterntülle füllen und dem Rand entlang ein Dutzend Rosetten setzen. Jede Rosette mit einer Kirsche verzieren und etwas dunkle Schokolade in die Mitte der Torte raspeln.

AUFBEWAHRUNG: in der Tortenbox im Kühlschrank 5 Tage lang haltbar.

BUCHWEIZENROULADE MIT PREISELBEERMARMELADE

Wie viele Rouladen habe ich in den letzten Jahren gebacken! Ein einfaches, schnelles Gebäck – hier habe ich dem Teig mit Buchweizenmehl einen leicht nussigen Touch gegeben. Die Sahnefüllung bekommt durch die Preiselbeeren eine angenehm säuerliche Note.

1 Roulade
Zubereitung 25 Minuten
Backzeit 8 Minuten
Ruhezeit 2 Stunden
Backblech 45 × 35 cm

Teig
6 Eier auf Zimmertemperatur
100 g Zucker
30 g Tortenmehl Rieper (oder Weizenmehl Type 00 gelb)
70 g Buchweizenmehl Rieper fein
½ TL Zimtpulver
1 Prise Salz
1 Bio-Zitronenschale, fein gerieben

Zum Bestreuen
4 EL Zucker

Tränke
50 ml Wasser
50 g Zucker
2 EL Rum (oder Kirschwasser)

Füllung
400 ml frische Schlagsahne
200 g Preiselbeermarmelade

1 Eiweiß vom Eigelb trennen und Eigelb mit 50 g Zucker aufschlagen. Das Eiweiß mit dem übrigen Zucker zu steifem Schnee schlagen.

2 Getrennt davon das Weizenmehl sieben und mit Buchweizenmehl, Zimt, Salz und der geriebenen Zitronenschale mischen. Den steif geschlagenen Eischnee und die Mehlmischung in zwei Schritten unter das geschlagene Eigelb heben, dabei mit einem Spatel vorsichtig von unten nach oben rühren.

3 Den Teig auf ein mit Backpapier ausgelegtes Blech geben, möglichst wenig ausziehen und gleichmäßig ausbreiten. Im vorgeheizten Backofen bei 220 Grad Ober- und Unterhitze (200 Grad Umluft) etwa 8 Minuten backen.

4 Ein sauberes Tuch mit Zucker bestreuen und den eben gebackenen Teig darauf stürzen, dabei das Backpapier von der Unterseite entfernen. Den Teig von einer der kurzen Seiten her aufrollen und vollständig auskühlen lassen.

5 Für die Tränke Wasser und Zucker in einem kleinen Topf zum Kochen bringen. Auskühlen lassen und den Rum hinzufügen. In einer Schüssel die Sahne mit dem Handrührer aufschlagen und die Preiselbeermarmelade einrühren.

6 Den Teig ausrollen und die Preiselbeersahne gleichmäßig darauf verteilen, dabei an einer der beiden kurzen Seiten einige Zentimeter frei lassen. Die Roulade von der anderen kurzen Seite her aufrollen. Vor dem Servieren mindestens 2 Stunden im Kühlschrank kaltstellen.

AUFBEWAHRUNG: in der Tortenbox im Kühlschrank 4 Tage lang haltbar.

PEKAN-KARAMELL-TARTE

Knusprig und gut: Zarter Mürbteig umschließt eine schlichtweg himmlische Füllung aus Karamell und Pekannüssen.
Aufgepasst! Den Zucker beim Karamellisieren nicht rühren, da er sonst kristallisiert und Klumpen bildet.

1 Tarte
Zubereitung 20 Minuten
Backzeit 25 Minuten
Ruhezeit 3 Stunden
Tarteform 20 cm Ø

Teig
200 g Weizenmehl Rieper Type 00 blau
120 g kalte Butter, in Würfel geschnitten
40 g Zucker
1 Prise Salz
1 Eigelb
Mark aus 1 Vanilleschote
½ EL Wasser, eisgekühlt

Zum Blindbacken
2 Handvoll getrocknete Bohnen (ansonsten: Kichererbsen, Reis oder Keramikkugeln)

Füllung
200 g Zucker
160 ml frische Sahne
1 EL Butter
1 Prise Salz
200 g Pekannüsse

1 Mehl und Butter in einer Küchenmaschine mit Klingeneinsatz zu einer groben Masse verarbeiten. Zucker, Salz, Eigelb, Vanillemark und Wasser hinzufügen und etwa 1 Minute lang kneten.

2 Den Teig auf die Arbeitsfläche stürzen und kurz von Hand kneten, anschließend zu einem flachen Ziegel formen, in Klarsichtfolie wickeln und mindestens 1 Stunde im Kühlschrank ruhen lassen.

3 Den Mürbteig aus dem Kühlschrank nehmen und kurz von Hand weichkneten. Mit dem Nudelholz und etwas Mehl zu einer etwa 4 mm dicken, runden Scheibe ausrollen. Um das Nudelholz wickeln und in eine Tarteform mit gefettetem Hebeboden legen.

4 Den Teig an die Form drücken und den Rand mit einem kleinen Messer bündig abschneiden. Ein Blatt Backpapier zerknüllen, auf dem Mürbteig ausbreiten und mit den getrockneten Bohnen belegen.

5 Im vorgeheizten Backofen bei 190 Grad Ober- und Unterhitze (170 Grad Umluft) etwa 15 Minuten backen. Backpapier und Bohnen entfernen und weitere 10 Minuten backen, oder bis der Mürbteig goldbraun ist.

FORTSETZUNG SEITE 153 ↘

6 Den Mürbteigboden aus dem Backofen nehmen und 15 Minuten auskühlen lassen.

7 Für die Füllung den Zucker in einen kleinen Topf geben und bei mittlerer Hitze erwärmen, bis ein bernsteinfarbenes, leicht dunkles Karamell entsteht. Achtung: Nicht rühren, sondern lediglich den Topf vorsichtig schwenken – andernfalls kristallisiert das Karamell und bildet Klumpen.

8 Anschließend den Topf vom Herd nehmen, die zuvor erwärmte Sahne dazugeben und mit einem Schneebesen umrühren, bis die Mischung abkühlt (Achtung, Verbrennungsgefahr!). Butter und Salz einrühren.

9 Die Pekannüsse auf den Mürbteigboden legen und das Karamell gleichmäßig darauf verteilen.

10 Die Tarte vor dem Servieren 2 Stunden lang vollständig auskühlen lassen, gegebenenfalls auch im Kühlschrank.

AUFBEWAHRUNG: in der Tortenbox im Kühlschrank bis zu 5 Tage lang haltbar.

ERDBEER-MANDEL-JOGHURT-KUCHEN

Joghurtkuchen kommt immer gut an. Die fluffig-weiche Köstlichkeit wird hier mit Erdbeeren und Mandeln zubereitet und passt perfekt zum gemütlichen Frühstückskaffee.

1 Kuchen
Zubereitung 20 Minuten
Backzeit 45 Minuten
Springform 24 cm Ø

Teig
120 g Butter auf Zimmertemperatur
150 g Zucker
2 Eier auf Zimmertemperatur
120 g Tortenmehl Rieper (oder Weizenmehl Type 00 gelb)
20 g Maisstärke
2 TL Backpulver
1 Prise Salz
80 g Mandelmehl
1 EL Vanilleextrakt
150 g weißes Naturjoghurt
220 g frische Erdbeeren, entkelcht und halbiert
1 EL Tortenmehl Rieper (oder Weizenmehl Type 00 gelb)

Zum Bestreuen
1 EL Rohrzucker
30 g gehobelte Mandeln

1 In einer Schüssel die cremige Butter und den Zucker etwa 5 Minuten mit dem Handrührer schaumig aufschlagen. Die Eier einzeln nacheinander unterheben.

2 Getrennt davon Mehl, Speisestärke und Backpulver sieben, anschließend Salz und Mandelmehl unterrühren. Die Hälfte der Mehlmischung, den Vanilleextrakt und die Hälfte des Joghurts mit einem Schneebesen in die Buttermasse einrühren. Dann die andere Hälfte der Mehlmischung und das restliche Joghurt unter ständigem Rühren mit dem Schneebesen hinzugeben.

3 In einer Schüssel drei Viertel der Erdbeeren vorsichtig mit 1 Esslöffel Mehl vermischen, bis sie gleichmäßig bemehlt sind. Die Erdbeeren in die Mischung einarbeiten.

4 Den Boden einer Springform mit Backpapier belegen und den Ring befetteten. Den Teig gleichmäßig in der Springform verteilen, die restlichen Erdbeeren darauflegen (nicht andrücken, sie sinken beim Backen ein), mit Rohrzucker und gehobelten Mandeln bestreuen.

5 Im vorgeheizten Backofen bei 180 Grad Ober- und Unterhitze (160 Grad Umluft) etwa 45 Minuten backen.

6 Den Kuchen aus dem Backofen nehmen und 10 Minuten auskühlen lassen. Anschließend aus der Form nehmen und auf einem Kuchengitter leicht auskühlen lassen.

7 Mit etwas Staubzucker bestauben und warm oder kalt servieren.

AUFBEWAHRUNG: in der Tortenbox bei Zimmertemperatur bis zu 3 Tage lang haltbar.

SCHOKOLADENTARTE

Eine hausgemachte Tarte macht unweigerlich gute Laune. Der Duft des Mürbteigs mit seinen buttrigen Noten, der sich in der Küche ausbreitet, die cremige Füllung aus Bitterschokolade mit einem Schuss Whiskey und etwas Sahne: All das macht sie einfach unwiderstehlich. Habt ihr „The Help" gesehen? Die Inspiration zu dieser Tarte stammt aus dem 2011 erschienenen Film.

1 Tarte
Zubereitung 40 Minuten
Ruhezeit 1 Stunde
Backzeit 42 Minuten
Tarteform 24 cm Ø

Teig
200 g Weizenmehl Rieper Type 00 blau
120 g kalte Butter, in Würfel geschnitten
40 g Zucker
1 Prise Salz
1 Eigelb
½ EL Wasser, eisgekühlt

Zum Blindbacken
2 Handvoll getrocknete Bohnen (ansonsten: Kichererbsen, Reis oder Keramikkugeln)

Füllung
390 g Kondensmilch
1 EL Vanilleextrakt
1 Prise Salz
350 g Bitterschokolade mit 60 % Kakaoanteil, gehackt
2 Eier
1 EL Whiskey

Zum Verzieren
200 ml frische Schlagsahne

1 Mehl und Butter in einer Küchenmaschine mit Klingeneinsatz zu einer groben Masse verarbeiten. Zucker, Salz, Eigelb und eisgekühltes Wasser hinzufügen und etwa 1 Minute lang kneten.

2 Den Teig auf die Arbeitsfläche stürzen und kurz von Hand kneten, anschließend zu einem flachen Ziegel formen, in Klarsichtfolie wickeln und mindestens 1 Stunde im Kühlschrank ruhen lassen.

3 Den Mürbteig aus dem Kühlschrank nehmen und kurz von Hand weichkneten. Mit dem Nudelholz und etwas Mehl zu einer etwa 4 mm dicken, runden Scheibe ausrollen. Um das Nudelholz wickeln und in eine Tarteform mit gefettetem Hebeboden legen.

4 Den Teig an die Form drücken und den Rand mit einem kleinen Messer bündig abschneiden. Ein Blatt Backpapier zerknüllen, auf dem Mürbteig ausbreiten und mit den getrockneten Bohnen belegen.

5 Im vorgeheizten Backofen bei 190 Grad Ober- und Unterhitze (170 Grad Umluft) etwa 15 Minuten backen. Backpapier und Bohnen entfernen und weitere 5 Minuten backen, oder bis der Mürbteig goldbraun ist.

FORTSETZUNG SEITE 159 ↘

6 Den Mürbteigboden aus dem Backofen nehmen und 15 Minuten auskühlen lassen.

7 Für die Füllung Kondensmilch, Vanilleextrakt und Salz in einen Topf geben und aufkochen. Die gehackte Bitterschokolade in eine Schüssel geben und die kochende Kondensmilch darübergießen. 2 Minuten ruhen lassen, anschließend mit einem Schneebesen rühren und 10 Minuten auskühlen lassen.

8 Eier und Whiskey in die Kondensmilch-Schokoladen-Mischung einrühren, dann die Füllung auf dem Mürbteigboden verteilen.

9 Im Backofen auf der untersten Schiene 22 Minuten bei gleicher Temperatur backen.

10 Die Tarte aus dem Backofen nehmen und vollständig auskühlen lassen. Die Tarte aus der Form nehmen.

11 Die Sahne schlagen und mittig auf der Tarte verteilen. Die Tarte schneiden und servieren.

AUFBEWAHRUNG: in der Tortenbox im Kühlschrank 4 Tage lang haltbar.

APFEL-ZIMT-KUCHEN

Apfelkuchen ist eines meiner Lieblingsdesserts – vor allem, wenn der Teig nach Zimt duftet: So machte ihn meine Mutter immer. Damit niemand zu kurz kam, bereitete sie stets ein ganzes Backblech davon zu. Kaum kam der warme, herrlich duftende Kuchen aus dem Ofen, waren wir kaum aufzuhalten. Die Apfelsorte Golden Delicious eignet sich besonders gut zum Backen: Die Äpfel sind nicht übermäßig saftig, daher wird der Kuchen nicht zu feucht.

16 Stück
Zubereitung 15 Minuten
Backzeit 35 Minuten
Backblech 45 × 35 cm

Teig
190 g Butter auf Zimmertemperatur
200 g Rohrzucker
1 EL Vanilleextrakt
1 Bio-Zitronenschale, fein gerieben
4 Eier auf Zimmertemperatur
180 g Tortenmehl Rieper
(oder Weizenmehl Type 00 gelb)
70 g Maisstärke
1 Pkg. Backpulver
1 Prise Salz
150 g Vollkornmehl Rieper
60 ml Milch

Zum Belegen
3 Stück Golden Delicious
15 g Rohrzucker
1 TL Zimt
1 EL Staubzucker

1 In einer Schüssel die cremige Butter und den Rohrzucker mit dem Handrührer schaumig aufschlagen. Vanilleextrakt und geriebene Zitronenschale hinzufügen, die Eier einzeln nacheinander unterheben.

2 Getrennt davon Mehl, Speisestärke und Backpulver sieben, anschließend Salz und Vollkornmehl unterrühren. Die Mehlmischung mit dem Handrührer abwechselnd mit der Milch in drei Schritten in den Teig einarbeiten.

3 Den Teig gleichmäßig auf ein mit Backpapier ausgelegtes Backblech streichen.

4 Äpfel waschen, schälen und Kerngehäuse entfernen. In Scheiben schneiden und mit etwas Abstand zueinander auf den Teig legen, dabei leicht andrücken.

5 Rohrzucker und Zimt vermischen und den Kuchen damit bestreuen.

6 Im vorgeheizten Backofen bei 180 Grad Ober- und Unterhitze (160 Grad Umluft) etwa 35 Minuten backen.

7 Den Kuchen aus dem Backofen nehmen und 10 Minuten auskühlen lassen. Schneiden und auf einem Kuchengitter vollständig auskühlen lassen.

8 Den Kuchen vor dem Servieren mit etwas Staubzucker bestauben.

AUFBEWAHRUNG: in der Tortenbox bei Zimmertemperatur bis zu 3 Tage lang haltbar.

MADE IN
GERMANY

GIN-TONIC-KUCHEN

Ein Gin Tonic – zum Essen? Warum nicht! Das Besondere an diesem Kuchen ist der Sirup aus Gin, Zitrone, Wacholderbeeren und Tonic Water, der ihm eine angenehm alkoholische Note verleiht und ihn gleichzeitig feucht hält. Macht euch auf überraschte Gesichter gefasst!

1 Kuchen
Zubereitung 25 Minuten
Backzeit 65 Minuten
Springform 20 cm Ø

Teig
200 g Butter auf Zimmertemperatur
200 g Zucker
1 Bio-Zitronenschale, fein gerieben
4 Eier auf Zimmertemperatur
230 g Tortenmehl Rieper (oder Weizenmehl Type 00 gelb)
50 g Maisstärke
2 TL Backpulver
1 Prise Salz
80 g Vollmilchjoghurt Natur
45 ml Gin

Sirup
1 Bio-Zitronensaft
1 Bio-Zitronenschale, fein gerieben
60 g Rohrzucker
40 ml Tonic Water
8 Wacholderbeeren
30 ml Gin

1 In einer Schüssel Butter, Zucker und Zitronenschale mit dem Handrührer schaumig aufschlagen. Die Eier einzeln nacheinander unterheben.

2 Getrennt davon Mehl, Speisestärke und Backpulver sieben. Die Mehlmischung abwechselnd mit Joghurt und Gin in zwei Schritten in die Buttermischung einarbeiten.

3 Den Boden einer Springform mit Backpapier belegen und den Ring befetteten. Den Teig in die Springform geben.

4 Im vorgeheizten Backofen bei 160 Grad Ober- und Unterhitze (140 Grad Umluft) etwa 65 Minuten goldbraun backen.

5 In der Zwischenzeit für den Sirup Zitronensaft und geriebene Zitronenschale, Rohrzucker und Tonic Water in einem kleinen Topf zum Kochen bringen und 4 Minuten bei geringer Hitze köcheln lassen. Wacholderbeeren hinzugeben und Topf vom Herd nehmen. 15 Minuten auskühlen lassen, abseihen und Gin dazugeben.

6 Den Kuchen aus dem Backofen nehmen und 10 Minuten in der Form auskühlen lassen, anschließend auf ein Kuchengitter stürzen.

7 Mit einem Holzstäbchen Löcher in den Kuchenboden stechen, die Hälfte des Sirups daraufgeben und mit einem Küchenpinsel verteilen. 10 Minuten warten, den Kuchen wieder umdrehen und die Oberseite mit dem übrigen Sirup befeuchten.

AUFBEWAHRUNG: in der Tortenbox bei Zimmertemperatur bis zu 5 Tage lang haltbar.

MAIS-GUGELHUPF MIT BROMBEEREN UND HONIG

Dieser Gugelhupf weckt Erinnerungen an den Sommer. Die goldgelbe Farbe des Maismehls, der Honig und die Form erinnern an die Sonne, beim süßen Geschmack der Brombeeren denke ich zurück an den Hof zu Hause in Kaltern, wo ein wilder Brombeerstrauch mit leckeren Früchten wuchs. Nostalgie pur!

1 Gugelhupf
Zubereitung 15 Minuten
Backzeit 60 Minuten
Gugelhupf-Form 27 cm Ø

Teig

300 g Butter auf Zimmertemperatur
150 g Zucker
1 Bio-Zitronenschale, fein gerieben
120 g Blütenhonig
4 Eier auf Zimmertemperatur
190 g Weizenmehl Rieper Type 00 gelb
2 TL Backpulver
220 g Maisgrieß Rieper mittel
1 Prise Salz
2 EL Zitronensaft
80 g Vollmilchjoghurt Natur
200 g frische Brombeeren
1 EL Weizenmehl Rieper Type 00 gelb

1 In einer Schüssel Butter, Zucker und Zitronenschale mit dem Handrührer schaumig aufschlagen. Honig hinzufügen und die Eier einzeln nacheinander unterheben.

2 Getrennt davon Mehl und Backpulver sieben, Speisestärke und Salz hinzufügen. Die Mehlmischung abwechselnd mit Zitronensaft und Joghurt in zwei Schritten in die Buttermischung einarbeiten.

3 In einer Schüssel die Brombeeren vorsichtig mit 1 Esslöffel Mehl vermischen, bis sie gleichmäßig bemehlt sind. Die Brombeeren in die Mischung einarbeiten.

4 Den Teig in eine gebutterte und bemehlte Gugelhupf-Form geben.

5 Im vorgeheizten Backofen bei 160 Grad Ober- und Unterhitze (140 Grad Umluft) auf der untersten Schiene 60 Minuten backen.

6 Den Gugelhupf aus dem Backofen nehmen und 10 Minuten auskühlen lassen. Anschließend aus der Form nehmen und auf einem Kuchengitter vollständig auskühlen lassen.

AUFBEWAHRUNG: in der Tortenbox bei Zimmertemperatur bis zu 3 Tage lang haltbar.

WALNUSS-VOLLKORNKUCHEN

Der Walnuss-Vollkornkuchen eignet sich perfekt zum Frühstück: Die Ballaststoffe im Vollkornmehl, die wertvollen Walnüsse und die leckere Marmelade geben den richtigen Energieschub für einen guten Start in den Tag.

1 Kuchen
Zubereitung 15 Minuten
Backzeit 50 Minuten
Springform 24 cm Ø

Teig
250 g Butter auf Zimmertemperatur
150 g Blütenhonig
1 Bio-Orangenschale, fein gerieben
4 Eier auf Zimmertemperatur
250 g Vollkornmehl Rieper
2 EL Backpulver
2 TL Zimtpulver
1 Prise Muskatnuss, gerieben
1 Prise Salz
50 g weißes Naturjoghurt
200 g Walnüsse, gehackt

Füllung
200 g Marillenmarmelade

Zum Bestauben
Staubzucker

1 In einer Schüssel Butter, Honig und Orangenschale mit dem Handrührer schaumig aufschlagen. Eier einzeln nacheinander unterheben.

2 Getrennt davon Mehl, Backpulver, Zimt, Muskatnuss und Salz sieben. Die Mehlmischung abwechselnd mit dem Joghurt in zwei Schritten in die Buttermischung einarbeiten. Die gehackten Walnüsse dazugeben.

3 Den Boden einer Springform mit Backpapier belegen und den Ring befetteten. Den Teig in die Springform geben.

4 Im vorgeheizten Backofen bei 160 Grad Ober- und Unterhitze (140 Grad Umluft) etwa 50 Minuten backen.

5 Kuchen aus dem Backofen nehmen und 10 Minuten auskühlen lassen. Anschließend aus der Form nehmen und auf einem Kuchengitter vollständig auskühlen lassen.

6 Tortenboden schneiden und mit der Marillenmarmelade füllen.

7 Mit Staubzucker bestauben und servieren.

AUFBEWAHRUNG: in der Tortenbox bei Zimmertemperatur bis zu 5 Tage lang haltbar.

ROSENKUCHEN

Der Rosenkuchen ist eine Spezialität aus Mantua und wurde angeblich erstmals 1490 anlässlich des Besuchs der Markgräfin von Mantua, Isabella d'Este, am Hofe der Gonzaga gebacken. Aus dem Teig, der etwas an französisches Brioche erinnert, werden Rosenblüten geformt und anschließend mit Butter und Zucker gefüllt. Meine Version ist einfach und bekommt durch das gröbere Mehl eine etwas kräftigere Note. Ein Kuchen mit langer Geschichte und herrlich buttrigem Geschmack.

1 Kuchen
Zubereitung 40 Minuten
Gärzeit 2 Stunden
Backzeit 40 Minuten
Springform 26 cm Ø

Mehlkochstück
20 g Weizenmehl Rieper Type 1
100 ml Milch

Teig
375 g Weizenmehl Rieper Type 1
60 g Zucker
5 g Trockenhefe (oder 18 g Frischhefe)
160 ml Milch
1 Ei auf Zimmertemperatur
1 Bio-Zitronenschale, fein gerieben
60 g Butter auf Zimmertemperatur
1 Prise Salz

Füllung
100 g Butter auf Zimmertemperatur
100 g Rohrzucker
2 EL Maisstärke

Zum Bestreichen
4 EL passierte Marillenmarmelade

1 Für das Mehlkochstück Mehl und Milch in einem kleinen Topf mit dem Schneebesen gut vermischen. Leicht zum Kochen bringen und einige Minuten unter häufigem Rühren mit einem Spatel kochen, bis ein dicker Brei entsteht. Vom Herd nehmen, das Mehlkochstück in eine Schüssel umfüllen und auskühlen lassen.

2 In der Schüssel der Küchenmaschine Mehl, Zucker und Trockenhefe (oder in Milch gelöste Frischhefe) mit einem Löffel vermischen. Milch und Ei verrühren und zusammen mit dem Mehlkochstück und der geriebenen Zitronenschale in die Schüssel der Küchenmaschine geben. Mit dem Knethaken 8 Minuten zu einem glatten Teig verkneten. Die geschnittene cremige Butter dazugeben und kneten, bis sie vollständig in den Teig eingearbeitet ist. Salz dazugeben und 1 weitere Minute kneten.

3 Den Teig auf die leicht gefettete Arbeitsfläche stürzen, einige Male falten und zu einer Kugel formen. In eine Schüssel geben, mit Klarsichtfolie oder einem Teller abdecken und bei Zimmertemperatur 1 Stunde lang gehen lassen.

FORTSETZUNG SEITE 170 ↘

4 Getrennt davon die cremige Butter mit dem Rohrzucker und der Speisestärke in einer Schüssel verrühren.

5 Den Teig auf der Arbeitsfläche mit dem Nudelholz und etwas Mehl zu einem etwa 52 × 30 cm großen Rechteck ausrollen. Zwei Drittel der Länge mit der Buttercreme bestreichen, dabei an den Seiten einen 2 cm breiten Rand aussparen. Ausgehend vom nicht bestrichenen Teil den Teig gedrittelt falten.

6 Den Teig um 90 Grad drehen und auf der Arbeitsfläche erneut zu einem Rechteck von 30 × 50 cm ausrollen. Die Oberfläche mit etwas Wasser bepinseln und von der langen Seite her aufrollen. Die Teigrolle in 7 jeweils etwa 6,5 cm lange Stücke – die Rosen – schneiden.

7 Den Boden einer Springform mit Backpapier auslegen. Eine Rose in die Mitte setzen und die anderen sechs mit etwas Abstand zueinander aufrecht mit der Spirale nach oben um die Mitte herum anordnen.

8 Den Rosenkuchen mit einem sauberen Tuch abdecken und 1 Stunde an einem warmen Ort gehen lassen.

9 Den Rosenkuchen im vorgeheizten Backofen bei 180 Grad Ober- und Unterhitze (160 Grad Umluft) auf der untersten Schiene etwa 40 Minuten backen.

10 Den Kuchen aus dem Backofen nehmen und 10 Minuten auskühlen lassen. Anschließend aus der Form nehmen und auf einem Kuchengitter weiter auskühlen lassen.

11 Die Marillenmarmelade in einem Topf erhitzen, bis sie flüssig ist (sie darf nicht kochen), und die Oberfläche des Rosenkuchens damit bestreichen. Den Kuchen ofenwarm servieren oder gegebenenfalls kurz aufwärmen.

AUFBEWAHRUNG: in der Tortenbox bei Zimmertemperatur bis zu 3 Tage lang haltbar.

Millionaire's Shortbread,
Rezept Seite 181

Kekse

KAKAO-SPITZBUBEN MIT SALZKARAMELL

Diese Variation des typischen Südtiroler Weihnachtsgebäcks ist schlichtweg hinreißend! Ich habe den Teig mit Kakao angereichert und die traditionelle Marmeladefüllung durch cremiges Salzkaramell ersetzt. Bei so viel Genuss hat man das ganze Jahr über Lust auf Spitzbuben!

50 Kekse
Zubereitung 40 Minuten
Ruhezeit 1 Stunde
Backzeit 12 Minuten
Spitzbuben-Ausstecher

Teig
340 g Mehl für Weihnachtsgebäck Rieper (oder Weizenmehl Type 00 blau)
75 g Backkakao
250 g kalte Butter, in Würfel geschnitten
2 TL Backpulver
130 g Zucker
80 g Haselnussmehl
3 Eigelb
Mark aus ½ Vanilleschote
½ Bio-Zitronenschale, fein gerieben
1 Prise Salz

Salzkaramell
200 g Zucker
125 ml frische Sahne
50 g Butter
1 Prise Salz

1 In einer Küchenmaschine mit Klingeneinsatz das Mehl, den gesiebten Backkakao und die Butter vermischen. Mit der Pulsfunktion zu einer groben Masse verarbeiten. Backpulver, Zucker, Haselnussmehl, Eigelb, Vanillemark, Zitronenschale und Salz hinzufügen und zu einem festen Teig kneten.

2 Den Teig auf die Arbeitsfläche stürzen und kurz von Hand kneten, anschließend zu einem flachen Ziegel formen, in Klarsichtfolie wickeln und mindestens 1 Stunde im Kühlschrank ruhen lassen.

3 In der Zwischenzeit den Zucker in einen kleinen Topf geben und bei mittlerer Hitze erwärmen, bis ein bernsteinfarbenes, leicht dunkles Karamell entsteht. Achtung: Nicht rühren, sondern lediglich den Topf vorsichtig schwenken – andernfalls kristallisiert das Karamell und bildet Klumpen.

FORTSETZUNG SEITE 176 ↘

4 Anschließend den Topf vom Herd nehmen, die zuvor erwärmte Sahne dazugeben und mit einem Schneebesen umrühren, bis die Mischung abkühlt (Achtung, Verbrennungsgefahr!). Butter und Salz einrühren. Erneut einige Minuten auf dem Herd erhitzen. In eine Schüssel umfüllen und mindestens 1 Stunde bei Zimmertemperatur auskühlen lassen, bis das Karamell eine streichfähige Konsistenz erreicht hat.

5 Den Teig auf der bemehlten Arbeitsfläche mit dem Nudelholz 2 mm dick ausrollen. Mit dem Spitzbuben-Ausstecher Kekse ausstechen, davon die Hälfte mit Loch in der Mitte, und auf ein mit Backpapier ausgelegtes Blech geben.

6 Im vorgeheizten Backofen bei 180 Grad Ober- und Unterhitze (160 Grad Umluft) etwa 12 Minuten backen.

7 Die Kekse aus dem Backofen nehmen und 5 Minuten auf dem Blech auskühlen lassen. Anschließend vom Blech nehmen und auf einem Kuchengitter vollständig auskühlen lassen.

8 Die Kekse ohne Loch mithilfe eines Teelöffels mit dem Karamell bestreichen und die Taler mit Loch daraufsetzen.

AUFBEWAHRUNG: Die fertigen Spitzbuben können bei Zimmertemperatur in einer Dose 2 Tage lang aufbewahrt werden, die Kekse ohne Füllung sind in der Dose bis zu 30 Tage lang haltbar. Das Karamell kann in einem luftdichten Behälter im Kühlschrank aufbewahrt und je nach Bedarf verwendet werden.

DIGESTIVES

Digestives sind durch und durch britisch: Sie wurden im frühen 19. Jahrhundert von zwei schottischen Ärzten entwickelt, die ihrer Kreation aufgrund des enthaltenen Backnatrons verdauungsfördernde Eigenschaften zuschrieben – daher auch der Name. Vollkorn- und Hafermehl sorgen nicht nur dafür, dass die knusprigen Kekse reich an Ballaststoffen sind, sondern verleihen ihnen auch ihren unverwechselbaren Geschmack. In warme Milch getunkt sind sie ein Hochgenuss!

40 Kekse
Zubereitung 15 Minuten
Backzeit 18 Minuten
Teigausstecher 7 cm Ø

Teig
180 g Vollkornmehl Rieper
180 g Hafermehl
150 g kalte Butter, in Würfel geschnitten
80 g Muscovado-Zucker
1 TL Salz
1 TL Backpulver
½ TL Backnatron
60 ml Milch

1 In einer Küchenmaschine mit Klingeneinsatz Vollkornmehl, Hafermehl und Butter zu einer groben Masse verarbeiten. Muscovado-Zucker, Salz, Backpulver, Natron und Milch hinzufügen und in der Maschine zu einem festen Teig verkneten.

2 Den Teig auf die Arbeitsfläche stürzen und von Hand fertig verkneten. Mit dem Nudelholz und etwas Mehl 3 mm dick ausrollen.

3 Den Teig mit einer Gabel einstechen, mit dem Ausstecher Kekse ausstechen und auf ein mit Backpapier ausgelegtes Backblech geben.

4 Im vorgeheizten Backofen bei 180 Grad Ober- und Unterhitze (160 Grad Umluft) etwa 18 Minuten backen.

5 Die Kekse aus dem Backofen nehmen und 5 Minuten auf dem Blech auskühlen lassen. Anschließend vom Blech nehmen und auf einem Kuchengitter vollständig auskühlen lassen.

AUFBEWAHRUNG: in einer Keksdose bei Zimmertemperatur bis zu 30 Tage lang haltbar.

MILLIONAIRE'S SHORTBREAD

Shortbread ist eine schottische Spezialität: Die reichhaltigen Butterkekse sind in der Regel rechteckig geschnitten, haben eine gelöcherte Oberfläche und eine leicht salzige Note. In dieser Variante sind sie noch leckerer als in der klassischen Form – die zwei zusätzlichen Schichten aus Karamell und Bitterschokolade sorgen für ein himmlisches Genusserlebnis!

16 Kekse
Zubereitung 30 Minuten
Ruhezeit 3 Stunden
Backzeit 25 Minuten
Quadratische Ofenform 20 cm

Teig
250 g Weizenmehl Rieper Type 00 gelb
100 g Zucker
200 g kalte Butter, in Würfel geschnitten
1 Prise Salz

Karamell
397 g Kondensmilch
150 g Muscovado-Zucker
150 g Butter
½ TL Salzflocken

Schokoladenschicht
200 g Bitterschokolade, gehackt
½ TL Salzflocken

1 In einer Küchenmaschine mit Klingeneinsatz Mehl, Zucker, Butter und Salz vermischen. Mit der Pulsfunktion zu einem festen Teig verarbeiten.

2 Teig auf die mit Backpapier ausgelegte Ofenform geben, gleichmäßig verteilen und mit einer Gabel einstechen.

3 Im vorgeheizten Backofen bei 180 Grad Ober- und Unterhitze (160 Grad Umluft) etwa 25 Minuten backen bzw. bis die Oberfläche goldbraun ist.

4 Aus dem Backofen nehmen und auskühlen lassen.

5 Für das Karamell Kondensmilch, Muscovado-Zucker und Butter in einem beschichteten Topf vermengen. Leicht zum Kochen bringen und 10 Minuten köcheln lassen, dabei ständig mit einem Schneebesen rühren.

6 Karamell in eine Schüssel gießen (falls sich die Butter vom Karamell trennt, einfach mit dem Schneebesen kräftig einrühren), Salzflocken dazugeben. 30 Minuten auskühlen lassen, über den Teig gießen und 2 Stunden im Kühlschrank kühlstellen.

7 Die gehackte Bitterschokolade in der Mikrowelle oder im warmen Wasserbad schmelzen. 10 Minuten auskühlen lassen, dann über die Karamellschicht gießen, mit einigen Salzflocken bestreuen und 1 Stunde im Kühlschrank auskühlen lassen.

8 Das Ganze mit dem Backpapier aus dem Backofen nehmen und mit einem in etwas heißem Wasser leicht erwärmten Messer (damit sich Schokolade und Karamell leichter schneiden lassen) in 16 gleich große Stücke schneiden.

AUFBEWAHRUNG: in einem luftdichten Behälter im Kühlschrank bis zu 4 Tage lang haltbar.

INGWERTALER

Diese Kekse enthalten gleich dreimal Ingwer: Gemahlen, frisch und getrocknet sorgt die Wurzel für einen herrlich frischen, leicht scharfen Geschmack. Die knusprigen Leckerbissen sind einfach zuzubereiten und ein idealer Snack für jeden Tag.

20 Kekse
Zubereitung 30 Minuten
Backzeit 15 Minuten
Keks-Ausstecher 5 cm Ø

Teig
170 g Mehl für Weihnachtsgebäck Rieper (oder Weizenmehl Type 00 blau)
100 g kalte Butter, in Würfel geschnitten
50 g Rohrzucker
1 TL Ingwerpulver
1 TL frischer Ingwer, gerieben
1 Prise Salz

Verzierung
20 getrocknete Ingwerwürfel
2 EL Rohrzucker

1 Mehl, Butter, Rohrzucker, Ingwerpulver, geriebenen frischen Ingwer und Salz in einer Küchenmaschine mit Klingeneinsatz zu einem festen Teig verarbeiten.

2 Den Teig auf die Arbeitsfläche stürzen, kurz von Hand durchkneten und mit dem Nudelholz und etwas Mehl etwa 1 cm dick ausrollen.

3 Mit dem Ausstecher Kekse ausstechen und auf ein mit Backpapier ausgelegtes Backblech geben. Jeden Keks mittig mit einem Ingwerwürfel belegen und mit etwas Rohrzucker bestreuen.

4 Im vorgeheizten Backofen bei 180 Grad Ober- und Unterhitze (160 Grad Umluft) etwa 15 Minuten backen, bis die Ränder leicht gebräunt sind.

5 Die Kekse aus dem Backofen nehmen und 10 Minuten auf dem Blech auskühlen lassen. Anschließend vom Blech nehmen und auf einem Kuchengitter vollständig auskühlen lassen.

AUFBEWAHRUNG: in einer Keksdose bei Zimmertemperatur bis zu 20 Tage lang haltbar.

FEIGENRÖLLCHEN

Diese Röllchen sind kleine Schatzkästchen, die beim Anbeißen ihre kostbare, leicht würzige Füllung aus getrockneten Feigen preisgeben. Mich erinnern sie an die Fig Rolls aus meiner Zeit in London und ich finde, sie passen ausgezeichnet zu einer Tasse heißem Tee.

16 Kekse
Zubereitung 30 Minuten
Ruhezeit 50 Minuten
Backzeit 17 Minuten

Teig
175 g Weizenmehl Rieper Type 00 blau
¼ TL Backpulver
50 g kalte Butter, in Würfel geschnitten
½ TL Vanilleextrakt
40 g Rohrzucker
1 Prise Salz
1 Ei

Füllung
200 g getrocknete Feigen ohne Stiel, grob gehackt
25 g Rohrzucker
100 ml Wasser
1 TL Zimtpulver
1 Msp. Ingwerpulver
1 Prise Salz

1 Mehl, Backpulver und Butter in einer Küchenmaschine mit Klingeneinsatz zu einer groben Masse verarbeiten. Vanilleextrakt, Rohrzucker, Salz und Ei dazugeben und zu einem festen Teig verkneten.

2 Den Teig auf die Arbeitsfläche stürzen und kurz von Hand kneten, anschließend zu einem flachen Ziegel formen, in Klarsichtfolie wickeln und 30 Minuten im Kühlschrank ruhen lassen.

3 In der Zwischenzeit für die Füllung die getrockneten Feigen, Rohrzucker, Wasser, Zimt, Ingwerpulver und Salz in einen kleinen Topf geben. Leicht zum Kochen bringen und unter gelegentlichem Rühren 8 Minuten kochen.

4 Füllung in einer Küchenmaschine zu einer homogenen Masse verarbeiten.

5 Füllung auf einem Teller gleimäßig verstreichen und auskühlen lassen, dann mit Klarsichtfolie abdecken und 20 Minuten in den Kühlschrank stellen.

FORTSETZUNG SEITE 186 ↘

6 Den Teig auf der Arbeitsfläche mit dem Nudelholz auf einem leicht bemehlten Blatt Backpapier zu einem etwa 25 × 20 cm großen Rechteck ausrollen. Die Ränder begradigen und das Rechteck längs in der Mitte schneiden, sodass zwei Streifen von je 25 × 10 cm entstehen.

7 Die Füllung in zwei Hälften teilen und mit bemehlten Händen zu 2 Strängen von 25 cm Länge kneten. Jeweils einen Strang in die Mitte eines Teigstreifens legen. Eine Längskante der Teigstreifen mit Wasser befeuchten, die gegenüberliegende Seite mit dem Backpapier anheben und über die Füllung rollen. Die Nahtstelle gut verschließen.

8 Die Rollen mit der Nahtstelle nach unten auslegen und jeweils in 8 gleich große Stücke schneiden. Die Stücke auf ein mit Backpapier ausgelegtes Backblech geben.

9 Im vorgeheizten Backofen bei 190 Grad Ober- und Unterhitze (170 Grad Umluft) etwa 17 Minuten backen.

10 Die Röllchen aus dem Backofen nehmen und 10 Minuten auf dem Blech auskühlen lassen. Anschließend vom Blech nehmen und auf einem Kuchengitter vollständig auskühlen lassen.

AUFBEWAHRUNG: in einer Keksdose bei Zimmertemperatur bis zu 10 Tage lang haltbar.

CRINKLE COOKIES

Keine Sorge: Diese Kekse sollen so rissig aussehen. Ihr braucht nur eine Handvoll Zutaten, und das Muster ist kinderleicht gemacht: Dazu rollt man lediglich die Teigkugeln im Staubzucker, bevor sie in den Backofen kommen. Beim Backen dehnen sie sich aus und es bilden sich Risse. Ein echter Geheimtipp für Schoko-Fans!

32 Kekse
Zubereitung 15 Minuten
Backzeit 10 Minuten

Teig
60 g Backkakao
180 g Weizenmehl Rieper Type 00 blau
1 TL Backpulver
200 g Zucker
1 Prise Salz
60 ml Sonnenblumenöl
2 Eier

Weiteres
40 g Staubzucker

1 Kakao, Mehl und Backpulver in eine Schüssel sieben. Zucker, Salz, Sonnenblumenöl und Eier hinzufügen und die Zutaten glatt rühren.

2 Mit Hilfe von zwei Löffeln etwa walnussgroße Teigportionen ausstechen und jeweils zwei bis drei davon in eine kleine Schüssel mit Staubzucker geben. Gleichmäßig im Staubzucker rollen und von Hand zu einer Kugel formen. Die Teigkugeln mit etwas Abstand zueinander auf ein mit Backpapier ausgelegtes Backblech geben.

3 Im vorgeheizten Backofen bei 190 Grad Ober- und Unterhitze (170 Grad Umluft) etwa 10 Minuten backen.

4 Die Kekse aus dem Backofen nehmen und 10 Minuten auf dem Blech auskühlen lassen. Anschließend vom Blech nehmen und auf einem Kuchengitter vollständig auskühlen lassen.

AUFBEWAHRUNG: in einer Keksdose bei Zimmertemperatur bis zu 30 Tage lang haltbar.

Special Offer
£3, £1 PRIZES

GLUTENFREIE ERDNUSS-MINI-COOKIES

Die typisch amerikanischen Cookies wurden gegen Ende der 1930er Jahre in Whitman, Massachusetts, von der Gastronomin Ruth Graves Wakefield erfunden. Traditionell werden die runden, großen Kekse zwar mit Schokoladenstückchen und Trockenobst zubereitet, aber in diesem Rezept verzichten wir darauf und versetzen den Teig mit einer ebenfalls typisch amerikanischen Zutat: Erdnussbutter. Ganz ohne Laktose und Gluten – was will man mehr?

15 Kekse
Zubereitung 15 Minuten
Backzeit 15 Minuten

Teig
200 g Erdnussbutter
100 g Zucker
¼ TL Salz
1 TL Backpulver
1 Ei
2 EL geröstete Erdnüsse

1 In einer Schüssel Erdnussbutter, Zucker, Salz, das gesiebte Backpulver und das Ei vermischen.

2 Mit einem Eisportionierer etwa kirschtomatengroße Teigkugeln ausstechen und mit ausreichend Abstand zueinander auf zwei mit Backpapier ausgelegte Backbleche legen. Die Kugeln mit den Zinken einer Gabel leicht platt drücken, einige Erdnüsse darauflegen und leicht eindrücken.

3 Im vorgeheizten Backofen bei 180 Grad Ober- und Unterhitze (160 Grad Umluft) etwa 15 Minuten backen, bis die Ränder leicht gebräunt sind.

4 Die Kekse aus dem Backofen nehmen und 10 Minuten auf dem Blech auskühlen lassen. Anschließend vom Blech nehmen und auf einem Kuchengitter vollständig auskühlen lassen.

AUFBEWAHRUNG: in einer Keksdose bis zu 10 Tage lang haltbar.

WEICHE BANANENKEKSE

Das perfekte Rezept, um überreife Bananen zu verwerten: Diese kleinen, weichen Happen erinnern etwas an Amaretti. Der Teig besteht ausschließlich aus Bananen, Mandeln und Ahornsirup und ist somit völlig laktose- und glutenfrei. Mit Zimtzucker sind diese Kekse einfach unwiderstehlich!

25 Kekse
Zubereitung 15 Minuten
Backzeit 35–40 Minuten

Teig
3 reife Bananen
240 g Mandelmehl
80 g Ahornsirup
½ TL Zimtpulver
1 Prise Salz

Zum Bestreuen
1 TL Zimtpulver
2 EL Rohrzucker

1 Bananen schälen, in große Stücke schneiden, in eine Schüssel geben und mit einer Gabel zu Brei zerdrücken.

2 Mandelmehl, Ahornsirup, Zimt und Salz hinzufügen und zu einer glatten Masse verarbeiten.

3 Getrennt davon in einer kleinen Schüssel Zimtpulver und Rohrzucker vermischen.

4 Mit einem kleinen Eisportionierer (oder zwei Löffeln) Teighäufchen ausstechen und auf einem mit Backpapier ausgelegten Backblech in ausreichendem Abstand zueinander auslegen. Die Teighäufchen mit den Zinken einer Gabel leicht platt drücken und mit Zimtzucker bestreuen.

5 Im vorgeheizten Backofen bei 160 Grad Ober- und Unterhitze (140 Grad Umluft) 35–40 Minuten backen.

6 Die Kekse aus dem Backofen nehmen und 10 Minuten auf dem Blech auskühlen lassen. Anschließend vom Blech nehmen und auf einem Kuchengitter vollständig auskühlen lassen.

AUFBEWAHRUNG: in einer Keksdose bis zu 3 Tage lang haltbar.

Mary had a little
Lamb with lots
TO NOURISH AND STRENGTHEN
POORLY DEVELOPED CHILDREN
AND DELICATE YOUNG WOMEN
oline
AMATEUR PHOTOGRAPHERS

ZIMTSCHNECKENTALER

Diese knusprigen Kekse sehen nicht nur aus wie die herrlichen skandinavischen Zimtschnecken – sie schmecken auch so! Sie zergehen auf der Zunge und entführen uns bei jedem Bissen in die Weiten des hohen Nordens.

40 Kekse
Zubereitung 30 Minuten
Ruhezeit 3 Stunden
Backzeit 12 Minuten

Teig
220 g Butter auf Zimmertemperatur
200 g Zucker
1 TL Vanilleextrakt
1 Ei
400 g Mehl für Weihnachtsgebäck Rieper (oder Weizenmehl Type 00 blau)
1 TL Backpulver (gehäuft)
1 Prise Salz

Gewürze
1 EL Zimtpulver
½ TL Muskatnuss, gerieben

1 In der Schüssel der Küchenmaschine Butter, Zucker und Vanilleextrakt vermischen und mit dem Rührhaken einige Minuten verkneten. Ei, Mehl, Backpulver und Salz hinzufügen. Mit der Küchenmaschine zu einem glatten Teig verarbeiten.

2 Zwei Drittel des Teigs in Klarsichtfolie wickeln und 1 Stunde im Kühlschrank ruhen lassen. Zimtpulver und Muskatnuss zum restlichen Teig geben. In Klarsichtfolie wickeln und 1 Stunde im Kühlschrank ruhen lassen.

3 Den hellen Teig auf der Arbeitsfläche mit dem Nudelholz auf einem leicht bemehlten Blatt Backpapier zu einem etwa 35 × 30 cm großen und etwa 3 mm dicken Rechteck ausrollen. Den dunklen Teig auf der bemehlten Arbeitsfläche zu einem ebenso großen Rechteck ausrollen.

4 Den hellen Teig mit etwas Wasser bestreichen, den gewürzten Teig darauflegen und leicht andrücken, damit die Schichten gut zusammenkleben. Die Ränder begradigen, sodass ein gleichmäßiges Rechteck entsteht.

5 Den Teig von der Längskante aus mit Hilfe des Backpapiers aufrollen, anschließend wie ein Bonbon in das Backpapier wickeln und 2 Stunden im Kühlschrank ruhen lassen.

6 Den Teig aus dem Backpapier nehmen und 5 mm dicke Kekse abschneiden. Die Kekse mit etwas Abstand zueinander auf ein mit Backpapier ausgelegtes Backblech geben.

7 Im vorgeheizten Backofen bei 180 Grad Ober- und Unterhitze (160 Grad Umluft) etwa 12 Minuten backen. Die Kekse aus dem Backofen nehmen und 5 Minuten auf dem Blech auskühlen lassen. Anschließend vom Blech nehmen und auf einem Kuchengitter vollständig auskühlen lassen.

AUFBEWAHRUNG: in einer Keksdose bis zu 30 Tage lang haltbar.

HERZHAFTE BASILIKUMPLÄTZCHEN

Warum nicht auch mal herzhafte Kekse ausprobieren? Die Basilikumplätzchen mit Parmesan passen bestens zu Chutneys oder Schnittkäse beim Aperitif. Sie sind dünn und knusprig wie Cracker, einfach zu backen und bestechen durch ihren feinen, aber bestimmten Geschmack.

25 Kekse
Zubereitung 20 Minuten
Ruhezeit 30 Minuten
Backzeit 12 Minuten

Teig
85 g Mehl für Weihnachtsgebäck Rieper (oder Weizenmehl Type 00 blau)
60 g kalte Butter, in Würfel geschnitten
60 g Parmesan, gerieben
1 EL frisches Basilikum, fein geschnitten
1 Prise schwarzer Pfeffer, gemahlen
1 Prise Salz

1 Mehl und Butter in einer Küchenmaschine mit Klingeneinsatz zu einer groben Masse verarbeiten. Parmesan, Basilikum, Pfeffer und Salz hinzugeben und die Küchenmaschine laufen lassen, bis ein kompakter Teig entsteht.

2 Den Teig auf die Arbeitsfläche stürzen und kurz von Hand kneten, anschließend zu einem flachen Ziegel formen, in Klarsichtfolie wickeln und 30 Minuten im Kühlschrank ruhen lassen.

3 Den Teig auf der bemehlten Arbeitsfläche mit dem Nudelholz 2 mm dick ausrollen. 3 × 6 cm große Kekse ausstechen und mit einem kleinen Spatel auf ein mit Backpapier ausgelegtes Backblech heben.

4 Im vorgeheizten Backofen bei 180 Grad Ober- und Unterhitze (160 Grad Umluft) etwa 12 Minuten backen.

5 Die Kekse aus dem Backofen nehmen und 5 Minuten auf dem Blech auskühlen lassen. Anschließend vom Blech nehmen und auf einem Kuchengitter vollständig auskühlen lassen.

AUFBEWAHRUNG: in einer Keksdose bis zu 7 Tage lang haltbar.

LEBKUCHEN MIT GORGONZOLA-CREME

Diese Kekse sehen aus wie Spitzbuben, sind aber eine echte Überraschung. Lebkuchenteig mit Kaffee und Kastanienhonig trifft auf eine cremige Füllung mit Gorgonzola: Ein besonderes Geschmackserlebnis, das blendend zu jedem Aperitif passt.

20 Stück
Zubereitung 20 Minuten
Ruhezeit 1 Stunde
Backzeit 12 Minuten
Ausstechformen 6 cm Ø

Teig
110 g Roggenmehl Rieper
110 g Mehl für Weihnachtsgebäck Rieper (oder Weizenmehl Type 00 blau)
2 TL Lebkuchengewürz
½ TL Backnatron
¼ TL Salz
80 g kalte Butter, in Würfel geschnitten
50 g Kastanienhonig (oder Blütenhonig)
3 EL Espresso

Füllung
75 g Gorgonzola
75 g Frischkäse

1 Roggen- und Weizenmehl, Lebkuchengewürz, Backnatron, Salz und Butter in einer Küchenmaschine mit Klingeneinsatz zu einer groben Masse verarbeiten. Kastanienhonig und Espresso dazugeben und alles zu einem kompakten Teig verkneten.

2 Den Teig auf die Arbeitsfläche stürzen und kurz von Hand kneten, anschließend zu einem flachen Ziegel formen, in Klarsichtfolie wickeln und 1 Stunde im Kühlschrank ruhen lassen.

3 Den Teig auf der bemehlten Arbeitsfläche mit dem Nudelholz 2 mm dick ausrollen. Mit der Ausstechform Kekse ausstechen, davon die Hälfte mit Loch in der Mitte, und auf ein mit Backpapier ausgelegtes Blech geben.

4 Im vorgeheizten Backofen bei 200 Grad Ober- und Unterhitze (180 Grad Umluft) etwa 12 Minuten backen. Die Kekse aus dem Backofen nehmen, 5 Minuten auf dem Blech auskühlen und schließlich auf einem Kuchenrost erkalten lassen.

5 Gorgonzola und Frischkäse in einer Schüssel zu einer glatten, homogenen Creme verrühren. Die Kekse ohne Loch mithilfe eines Teelöffels mit der Creme bestreichen (ein Spritzbeutel mit Loch- oder Sterntülle kann diesen Schritt gegebenenfalls erleichtern) und die Taler mit Loch daraufsetzen.

AUFBEWAHRUNG: Die Kekse können bei Zimmertemperatur in einer Keksdose 30 Tage lang aufbewahrt werden, die Käsecreme maximal 4 Tage in einem luftdichten Behälter im Kühlschrank. Kekse je nach Bedarf bestreichen.

LOCKERE TEIGE OHNE KLÜMPCHEN
IMPASTI SOFFICI SENZA GRUMI
1000 g e
DOPPELGRIFFIGES
WEIZENMEHL
TYPE 0 TIPO
FARINA DI GRANO TENERO
ZERO GRUMI
RIEPER
1000 g e
DINKEL
MEHL
FARINA DI
FARRO
RIEPER
1000 g e
TORTEN
MEHL
FARINA PER
TORTE
RIEPER
1000 g e
WEIZENVOLLKORN
MEHL
FARINA
INTEGRALE
DI GRANO TENERO
RIEPER
BALLASTSTOFFQUELLE
FONTE DI FIBRE
1000 g e
WEIZEN
MEHL
TYPE 2 TIPO
FARINA DI
GRANO TENERO
RIEPER

BALLASTSTOFFQUELLE
FONTE DI FIBRE
1000 g e
WEIZEN
MEHL
FARINA DI
GRANO TENERO
RIEPER
1000 g e
MEHL FÜR
WEIHNACHTSGEBÄCK
FARINA PER
BISCOTTI DI NATALE
RIEPER
RIEPER
Das Vertrauen unserer Kunden ist uns eine Herzensangelegenheit. Daher sind wir seit über 100 Jahren mit voller Leidenschaft dabei, nur die besten und hochwertigsten Produkte zu kreieren. Überzeugen Sie sich selbst, Tag für Tag!
A. RIEPER AG - www.rieper.com

Stets auf Vorrat: die bunte Vielfalt an Rieper Mehlen. Seit vielen Jahren bereite ich Hefegebäck, Torten, hausgemachte Pasta und Mürbteig mit Rieper Mehl zu. Schon als ich klein war, hatten wir immer ausreichend davon im Haus, daher kenne ich es seit meinen ersten Kochversuchen, als ich dessen Qualität zu schätzen gelernt habe.

Rieper steht für hochwertige Produkte aus Südtirol und verkörpert Werte, mit denen ich mich nicht nur aufgrund meiner Südtiroler Wurzeln gut identifizieren kann: die Leidenschaft für Mehl, die Liebe zur Handarbeit und die Rückkehr zum ursprünglichen Geschmack. Diesen findet man in einem einfachen Teig, einem traditionellen Gericht oder einer eigenen Kreation und der uns den Wert unverfälschter Lebensmittel lehrt.

Der Werdegang des Vintler Traditionsunternehmens beginnt 1860, als Alois Anton Rieper in der Pustertaler Ortschaft Vintl einen Hof mit einer kleinen handwerklichen Mühleerwarb. Zu Beginn des 20. Jahrhundert entstand dort eine der ersten industriellen Getreidemühlen Norditaliens.

Seit über einem Jahrhundert produziert Rieper erstklassige, natürliche, gentechnikfreie Mehle. Die moderne Qualitätssicherung beginnt mit dem Ankauf von sorgfältig ausgewähltem, hochwertigem Getreide, das streng kontrolliert und in präzisen Verfahrensschritten verarbeitet wird.

Sobald das Getreide in der Mühle ankommt, wird es gründlich von Staub, Sand, Steinen, Metallen und anderen Fremdkörpern gereinigt. Anschließend wird es mit Quellwasser angefeuchtet um dann auf einer computergesteuerten, vollautomatischen Anlage schonend vermahlen zu werden. Bevor das Mehl schließlich abgepackt und zum Verkauf freigegeben wird, folgen weitere strenge Kontrollen.

Rieper produziert eine breite Auswahl an Mehlen und Grießen, etwa aus Weichweizen, Hartweizen, Roggen, Dinkel, Mais, Gerste, Buchweizen oder Kamut khorasan. Auch diverse Brotbackmischungen, Pizzamehle und die kürzlich präsentierte Produktlinie Vitagran mit Vitamin-, Protein- und Mehrkornmehl zählen zu ihrem Sortiment. Der Fantasie in der Küche sind keine Grenzen gesetzt!

1000 g e
ROGGEN
MEHL
FARINA
DI SEGALE
RIEPER
PROTEIN
MEHL
P
FARINA
PROTEICA
RIEPER
500 g e
BUCHWEIZEN
MEHL
FARINA DI
GRANO SARACENO
RIEPER
1000 g e
DINKEL
MEHL
FARINA DI
FARRO
RIEPER
MEHRKORN
MEHL
M
FARINA
MULTICEREALI
RIEPER
1000 g e
MEHL FÜR
WEIHNACHTSGEBÄCK
FARINA PER
BISCOTTI DI NATALE
RIEPER

Danksagung

Zunächst möchte ich Lucia und Claudiu von Frollemente für die schönen Fotos danken: Wir haben viele Tage lang hart, aber harmonisch miteinander gearbeitet. Wir hatten Spaß, waren ab und zu auch mal der Verzweiflung nahe, wenn ein Rezept zum x-ten Mal nicht gelingen wollte, haben aber stets alles gegeben und uns gegenseitig angespornt – und das Endergebnis kann sich sehen lassen. Herzlichen Dank für die ausgezeichnete Arbeit!

Ein Besuch auf Instagram (@frollemente) oder auf frollemente.it lohnt sich allemal: Dort findet ihr allerlei leckere Backrezepte, unter anderem auch mit Sauerteig.

Ein großes Dankeschön geht an die Firma Rieper mit Sandra, Katrin und dem gesamten Team für ihre wertvolle Unterstützung. Ich habe bereits seit einigen Jahren das Vergnügen und die Ehre, mit Rieper zusammenzuarbeiten, obgleich ich die Produkte des Unternehmens wie bereits erwähnt schon seit meiner Kindheit kenne und schätze.

Ich möchte Isabel, Ingrid, Francesca und dem gesamten Athesia-Team dafür danken, dass sie sich stets für meine Ideen begeistern lassen und neben drei italienischsprachigen Büchern nun auch diese deutschsprachige Ausgabe ermöglicht haben. Athesia lässt sämtliche Erscheinungen in Italien auf hochwertigem Material drucken und unterstützt Buchhandlungen wo immer möglich.

Großer Dank gebührt auch Federico, der mir schon seit einigen Jahren zur Seite steht und bei der Niederschrift und Überarbeitung der Texte in diesem Buch eine wertvolle Hilfe war.

Ebenso danke ich all jenen Menschen, die mir immer nahe gestanden haben – meinen Eltern Patrizia und Marco, meiner Schwester Nathalie und meinem treuen Begleiter und Lebensgefährten Ezio, aber auch allen Freunden, die fleißig meine in praktische Doggybags verpackten Kreationen „zum Mitnehmen“ ausprobiert haben.

Abschließend möchte ich mich bei meiner treuen Community bedanken, die mich Tag für Tag mit positiven Nachrichten, Kommentaren und wunderbaren Fotos ihrer Kreationen überhäuft. Es ist ein ganz besonderes Gefühl zu sehen, wie ihr meine Rezepte nachkocht!

STEFANO CAVADA
food blogger, influencer e presentatore di nuovi format tv di cucina
LA MIA CUCINA ALTOATESINA
45 ricette per ogni occasione
ATHESIA

STEFANO CAVADA
INFORNO
60 prelibatezze dolci e salate da cuocere al forno

STEFANO CAVADA
IL MIO NATALE ALTOATESINO
60 ricette per il periodo più magico dell'anno
ATHESIA

Zum Autor

Der Südtiroler Food Influencer und Koch Stefano Cavada hat bereits drei italienischsprachige Rezeptsammlungen verfasst und veröffentlicht nun mit „Al forno – Ofenfrische Gerichte“ sein erstes deutschsprachiges Buch. Nach einigen Lehrjahren in London und Paris unternahm er seine ersten Schritte als Foodblogger und eröffnete 2018 im norditalienischen Brescia das Küchenstudio Essen, wo er all seine Rezept kreiert. In seinem Schaffen spielt die traditionelle Südtiroler Küche unweigerlich die Hauptrolle, daneben stellt Stefano auch moderne Gerichte vor und ist seit einigen Jahren nicht mehr nur in den sozialen Medien, sondern auch im Fernsehen präsent. Im Jahr 2022 etwa nahm er an der Nachmittagssendung „Detto Fatto“ auf dem staatlichen Sender Rai 2 teil, 2020 war er auf Rai 1 bei „La Prova del Cuoco“ zu sehen, 2019 moderierte er für den Regionalsender Rai 3 „Food (R)evolution“ und 2018 für den Privatsender La7d „SelfieFood“.

@stefanocavada
stefanocavada.it

Bibliografische Information der Deutschen Nationalbibliothek
Die Deutsche Nationalbibliothek verzeichnet diese Publikation in der Deutschen Nationalbibliografie; detaillierte bibliografische Daten sind im Internet abrufbar: http://dnb.d-nb.de

1. Auflage 2024

Titel der Originalausgabe: „Inforno"
Übersetzung: Lorenza Bonetti und Stefano Peroni, Bonetti & Peroni, Bozen

Fotos: Lucia Iannone und Claudiu Frasiloaia (Frollemente), Turin
Stefano Cavada (S. 11, 27, 32, 78, 99, 121, 206)
Design & Layout: Athesia-Tappeiner Verlag
Bildbearbeitung: Typoplus, Frangart
Druck: GZH, Zagreb
Papier: Umschlag Freelife Vellum White, Innenteil und Vorsatz Maestro Print

Gesamtkatalog unter
www.athesia-tappeiner.com

Fragen und Hinweise bitte an
buchverlag@athesia.it

978-88-6839-751-7
978-88-6839-752-4 (e-Book)

Bildbeschreibung Umschlagrückseite
Madeleines, Rezept auf Seite 51

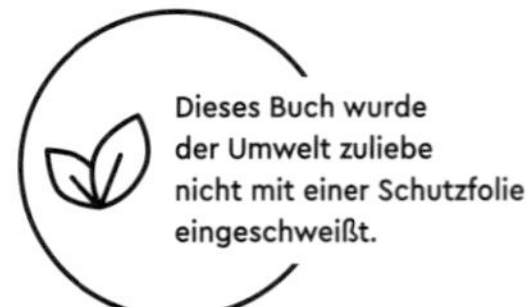